AtV

Egon Erwin Kisch wurde 1885 in Prag als Sohn eines Tuchhändlers geboren. Er absolvierte die deutsche Staatsrealschule und nahm an der Technischen Hochschule der Stadt ein Studium auf. Seine journalistische Laufbahn begann beim „Prager Tageblatt". 1905/06 besuchte er eine Journalistenschule in Berlin. Bis 1913 schrieb Kisch als Lokalreporter für die deutschsprachige Prager Tageszeitung „Bohemia". Im ersten Weltkrieg war er Soldat der k.u.k.-Armee, 1917 Offizier im Wiener Kriegspressequartier. Er wurde Mitglied des Arbeiter- und Soldatenrates und 1918 erster Kommandant der Roten Garden von Wien. 1921 siedelte er nach Berlin über. Große Reportagereisen führten Kisch in die Sowjetunion, die USA, nach China und Australien. Nach dem Reichstagsbrand verschleppte man Kisch in die Festung Spandau, er wurde jedoch bald nach Prag abgeschoben. Stationen seines Exils: von 1933 bis 1939 Paris, 1937/38 in Spanien, nach Kriegsbeginn USA, seit Ende 1940 Mexiko. Im Frühjahr 1946 kehrte Kisch nach Prag zurück, wo er 1948 starb.

Hauptwerke: Der rasende Reporter; Zaren, Popen Bolschewiken; Paradies Amerika; Prager Pitaval; Marktplatz der Sensationen; Entdeckungen in Mexiko.

Egon Erwin Kisch erzählt Geschichten: skurrile und tragische, von Außenseitern und Hochstaplern, Sonderlingen und listigen Schelmen. Er ist bei dem Thema, das ihn von Jugend an begleitete: jüdische Geschichte und jüdisches Leben. Die Bilder des Prager Ghettos vor Augen und die Erzählungen seiner Eltern und Verwandten im Ohr, berichtet Kisch über jüdische Schicksale in verschiedenen Ländern und Epochen: von Amsterdam bis Paris, vom Dreißigjährigen Krieg bis zur jüngsten Vergangenheit.

»Geschichten aus sieben Ghettos« erschien erstmals 1934.

Egon Erwin Kisch

Geschichten aus sieben Getthos

Aufbau Taschenbuch Verlag

Mit einem Nachwort von Dieter Schlenstedt

ISBN 3-7466-5053-4

1. Auflage 1993
Aufbau Taschenbuch Verlag Berlin
© Aufbau-Verlag Berlin und Weimar 1973
Reihengestaltung Sabine Müller, FAB Verlag, Berlin
Einbandgestaltung Frank Odening, FAB Verlag, Berlin
Satz LVD GmbH, Berlin
Druck Elsnerdruck, Berlin
Printed in Germany

INHALT

Auswanderer, derzeit in Amsterdam	7
Schime Kosiner (Unhoscht) verkauft ein Grundstück	18
Lobing, pensionierter Redakteur	26
Romanze von den Bagdad-Juden	31
Ex odio fidei	39
Die Messe des Jack Oplatka	50
Dantons Tod und Poppers Neffe	59
Des Parchkopfs Zähmung	77
Der kabbalistische Erzschelm	89
Der tote Hund und der lebende Jude	95
Notizen aus dem Pariser Ghetto	115
Den Golem wiederzuerwecken	123
Nachwort	137
Anmerkungen	143

AUSWANDERER, DERZEIT AMSTERDAM

Vom Giebel der Antoniuskerk streckt Christus die Arme dem Volk auf dem Waterloo-Plein entgegen. Meine Herrschaften, ruft er, kommen Sie doch zu mir. Ich führe die gleiche Ware, die Sie bisher von Moses & Aaron bezogen haben, nur ist mein Haus eleganter als das Ihres jetzigen Lieferanten.

Die beiden Schwurzeugen an seiner Seite sind überlebensgroße, vollbärtige, jüdisch aussehende Priestergestalten und können durchaus als Moses und Aaron gelten, wenn sie vielleicht auch Petrus und Paulus sind. Jedenfalls stehen sie da, linker Hand, rechter Hand, und protestieren durch keine Geste gegen die in goldener Antiqua behauptete Identität der beiden Religionen: „Qua fuit a saeclis sub Signo Moysis et Aaronis, stat salvatori renovata illustrior aedes." Zu Füßen dieser Werbung marktet der Adressat, das Amsterdamer Ghetto, jedoch niemand hat Ohren, zu hören, was der Mann in steinerner Geduld redet, niemand Augen, zu sehen, was auf der Kirche angeschrieben ist.

Noch beschwörender als der Christ strecken die jüdischen Budenbesitzer ihre Arme aus, noch lobpreisender, noch beteuernder, und der Passant ist vollauf mit der Prüfung der feilgehaltenen Ware beschäftigt; Mißbilligung markierend, fragt er nach dem Preis des von ihm ausgewählten Stücks, feilscht, geht, kommt wieder.

Ein Händler, der Heringe ausweidet und Pfeffergurken schneidet, tut so, als wäre er von einer kauflüsternen Menge umlagert, die bewundernd auf ihn weist, scheu seinen Namen flüstert und derer er sich nun erwehren muß. „Ja", ruft er mit Stentorstimme, „ja, ich bin der Heimann, das weiß doch jeder! Heimann ist bekennt! Ich bin ja *so* bekennt."

Nahen wirklich Käufer, und es gilt für Heimann zu handeln, so übernimmt es die Gattin, seinen Ruhm zu verkünden. Sie trägt einen „Scheitel" – Euphemismus für Perücke –, legt die Hände an den Mund und teilt der Welt mit, daß Heimann ja *so* bekennt ist. „Alles om een Dubbeltje", dröhnt ein Nachbar-Stentor; er faltet mit weit ausladenden, spitzfingrigen Bewegungen ein Paket Briefpapier und fügt einen Crayon, eine golden scheinende Uhrkette und einen Bonbon zu jenem alles, das für ein Dubbeltje zu haben ist. – „Nuttige Kadoches" hörst du anpreisen, und das soll weder berlinerisch noch jiddisch, sondern holländisch und französisch sein und bedeuten: nützliche Cadeaux.

Um Gemüse und Eier und Obst, um „Koscher Planten-Margarine", um Fisch und Geflügel und Fleisch, alles „Onder Rabbinaal Toezicht", kreisen Handel und Wandel auf dem rechtwinklig geknickten Waterloo-Plein; rostige Eisenbestandteile, fadenscheinige Kleider, zerbrochene Möbel, verbeultes Geschirr, Verkoop van 2e Handsch Gereedschappen en bruikbaare Materiaalen – der Abfall der Niederlande ist durchaus marktbares Gut.

So geht es von Morgendämmerung zu Abenddämmerung, wochentags auf dem Waterloo-Plein, sonntags kirmesartig auf der Oude Schans und in der Uilenburgstraat. Nur der Sabbat gibt Ruhe. Am Freitagnachmittag bricht Israel seine Zelte ab, die Pfosten, Plachen, Kisten und die unverkauft gebliebene Ware werden entweder auf Handkarren fortgeschafft, wobei schwarzlockige, magere Knaben die Wagenhunde sind, oder fahren auf dem Wasserweg von dannen. Zwanenburgwal, Wall der Schwanenburg, so poetisch heißt der Kai, an dem Frachtkähne voll mit alten Kleidern und alter Wäsche vertäut liegen und Gondeln mit Fahrradteilen (Amsterdam ist die Stadt der Juden und der Radfahrer und beteiligte sich dennoch nicht am Weltkrieg). Eine schaukelnde Zille voll splitternackter, defekter Schaufensterpuppen erweckt wegen der unzüchtigen Konstellationen der Figuren das Hallo der Gaffer an den Grachten.

Wenn ein Händler nur ein kleines Warenlager hat, eines, dessen Rest schnell eingepackt und in einem Koffer wegtransportiert werden kann, harrt er noch aus auf Waterloo. Jetzt, da die Konkurrenz abrollt oder abschwimmt, hofft er sein Geschäft zu machen, Nachbörse, Schleuderpreise, Ausverkauf, Sonderangebote, Restanten, Koopjes, Mezijes. Heimann ist noch immer da, die Menge ist noch immer nicht da, deren Ansturm er schreiend zurückweist: „Ja, ja, Heimann ist bekennt."

Die drahtumfriedete Mitte von Waterloo-Plein ist ein Jugendspielplatz, zur Marktzeit und nach Marktschluß spielen hier Kinder, während ihre ärmeren Altersgenossen Karren abschieben oder die weggeworfenen Warenreste, alles, was auf dem Pflaster blieb, durchwühlen. Die zum Finale anschwellenden Rufe Heimanns, „Ich bin ja *so* bekennt", tönen herüber, aber es kann unmöglich sein Eigenlob allein sein, was diesen ins Marktgetriebe eingebetteten, typischen Großstadtspielplatz mit Wellen von Gestank erfüllt.

Für die kleinsten Kinder sind Sandhügel zum Buddeln da, für die größeren Schaukeln, für die noch größeren Turngeräte. Die größten kämpfen ein Wettspiel aus, in je einen Korb auf hoher Stange ist der Ball zu landen; in beiden Mannschaften spielen Burschen und Mädchen, kurzberockte Mädchen, das Tempo ist flugs, die Geschicklichkeit beträchtlich, und die Marktgänger, bepackt mit Einkäufen, bleiben am Drahtnetz stehen, vom Sportfieber ergriffen.

Selbst wenn die Turmuhr schlägt, blickt niemand auf, geschweige denn zum Christus, der unermüdlich die Arme nach solchen ausstreckt, die willens wären, anzuerkennen, daß seine Kirche nichts anderes ist als das, was jahrhundertlang unter dem Zeichen von Moses und Aaron stand und nun zu einem herrlichen Bau schöpferisch erneuert ward.

Du lieber Gott, Bekehrungsversuche hat man bei den Amsterdamer Juden schon unternommen, als sie noch keine Amsterdamer Juden waren. In Polen und Rußland kam man ihnen mit ganz anderen Missionsmethoden, mit Plünderungen, Schändungen und Pogromen, in Spanien und Portugal mit Kerkerverlies und Folterbank und Flammentod, und hat nichts, gar nichts ausgerichtet.

Die Kathedrale von Toledo, wahrlich ein gewaltiger lockendes, ein gewaltiger verwirrendes und gewaltiger einschüchterndes Bauwerk als diese Antoniuskerk, steht seither in einer judenleeren Straße; das hat sie nicht davor geschützt, heute „Calle Carlos Marx" zu heißen, und die Straßentafel mit diesem Namen ist just auf dem Palast des Torquemada und seiner erzbischöflichen Nachfolger befestigt. Die alabastergefütterten Synagogen von Toledo wurden zu katholischen Kirchen, die vertriebenen Inhaber der Stammsitze aber bauten sich auf der anderen Seite der europäischen Landkarte neue Synagogen. Nicht weit vom Waterloo-Plein liegen einander zwei gegenüber. Die „Hochdeutsche Synagoge", gegründet von denen, die vor den Landsknechten und Marodeuren des Dreißigjährigen Krieges und vor der Soldateska Chmelnitzkis flüchteten, und die Portugiesische. Die Portugiesische Synagoge gleicht nicht etwa der Prager Altneuschul, sie ist keineswegs ein verhutzeltes, sich verstecken wollendes Versammlungshaus von Illegalen, sie ist ein Prunkbau, eine Kathedrale auf jüdisch. Aufgerichtet ist sie mitten im Fluß, sie steht auf Pfählen oder gar, wie die Sage geht, auf Fässern mit schierem Gold. Das Kirchenschiff reckt sich auf Säulen aus rundbehauenem Granit himmelwärts, wie jenes der iberischen Kirchen, in die man die Juden zur Bekehrungspredigt oder zur Zwangstaufe schleppte.

Aus brasilianischem Palisander ist die Estrade mit dem Altar gezimmert. Sie, die „Tuba", erhebt sich in der Mitte des Hauses, ihr und einander sind die konzentrischen Bankreihen zugewendet, nicht allesamt gegen Osten wie in den Tempeln des Abendlands, wo die Beter nur den Rücken des Vorbeters sehen. Hier kehrt man sich der Ostwand erst dann zu, wenn aus der Bundeslade eine Thorarolle gehoben wird. Eine stammt aus dem ehemaligen Heimatland, die Flüchtlinge trugen sie über die Pyrenäen wie ein Fahnentuch nach verlorener Schlacht.

Sechshundertdreizehn Kerzen leuchten dem Gottesdienst, eine teure und unmoderne Beleuchtungsart, gewiß, aber da läßt sich nichts ändern, so war es in Granada, so war es in Lissabon, so muß es bleiben. Weil es in Granada und Lissabon so war, geht der Rabbi auch hier in Escarpins, seidenen Strümpfen und Schnallenschuhen, die Gemeindefunktionäre tragen den flachen harten Jesuitenhut mit geschweifter Krempe und die Tempeldiener einen fulminanten Dreispitz wie damals in Spanien die Guardia Reale und heute die Guardia Civile. Der Chorregens, den Gesang der Waisenknaben dirigierend, hat ein Samtbarett aufgesetzt, als wäre er Scholar zu Saragossa.

In portugiesischer Sprache stehen auf einer Marmortafel die Namen der Gemeinde-Ältesten, unter deren Regierung die Synagoge erbaut wurde: „Parnassimos Senhores Yshac Levy Ximenes, Mosseh Curiel, Abraham Jessurun d'Epinoza, Daniel de Pinto, Ysrael Pareira, Joseph de Azveldo, Zagachi Gabay Aboab de Fonzara, Semuel Vaz, Osorio da Veiga und Henriquez Costino se estron est esnoga construída..." Die Beter begrüßen einander mit „boa entrada do Sabbat", welche Formel drüben bei den Hochdeutschen „Gut Schabbes" lautet, und anstatt „boa semana" wünscht man auf der anderen Seite der Straße nur eine „Gut Woch". Das Gebet für die Königin der Niederlande wird portugiesisch gesprochen, und streng hält man darauf, bestimmte Formeln der Gemeindedokumente in der Sprache derer abzufassen, von denen die Ahnen gemartert und davongejagt wurden, man wahrt Tracht und Gehaben und Gebräuche derer, die die Juden zunächst zu Spanien und dann in der ersten Emigration, in Portugal, steinigen ließen.

Dort im Süden waren sie, weil sie vor der Inquisition dem Glauben öffentlich abschwuren und ihm insgeheim weiter anhingen, als Maranen, das heißt Schweinekerle, beschimpft worden. In der neuen Heimat wollten sie nun dartun, daß kein Caballero sie an Vornehmheit übertreffe, kein Grande grandioser und mit mehr Grandezza auftrete als sie.

Die niederländischen Provinzen der spanischen Krone, die protestantischen Holländer kämpften den Kampf der Auflehnung gegen die katholischen Usurpatoren, und die Opfer von Inquisition und Unduldsamkeit konnten bei den Feinden ihrer Peiniger auf um so gastlichere Aufnahme rechnen, als sie aus dem Stiefmutterlande nicht mit leeren Händen kamen, sondern außer der mitgebrachten Thorarolle auch den mitgebrachten Handel mit der Levante und Südamerika entfalteten. In der Kaufmannsfeste an der Amstel gab es keine „Judería", kein mit Mauern oder Ketten abgeschlossenes Judenviertel; jeder kreditwürdige Mann durfte das gleiche Bürgerrecht ausüben und seiner Religion obliegen – sofern es nicht die katholische war. Nur ein einziges Mal, es geschah zu Anfang ihres Aufenthalts, wurden die, denen man in Iberien vorgeworfen hatte, unter dem Anschein katholischer Gebetstunden jüdische Gottesdienste abzuhalten, in Amsterdam bei einer Glaubensübung überfallen: man hielt sie für eine katholische.

Die jüdischen Caballeros stolzierten in Amsterdam einher, sie hatten Reichtum und Titel, auf ihren Grabsteinen und sogar auf den Etuis für ihre Gebetmäntel prangten Wappen. In den Museumsräumen der Alten Stadtwaage sieht man Beschneidungsmesser aus Achat mit Scheiden aus Robbenleder, Gewürzbüchsen aus Elfenbein, Brabanter Spitzenhauben für die Madrinis, die Mutter der Braut, und für die Padrinis, die Mutter des Bräutigams, Perlenstickereien, edelsteinbesetzte Tempelgeräte und goldenes Ostergeschirr. Als wichtige, wohlhabende und edle Geschlechter wollten die Emigranten gelten, und kein Geringerer als Goethe hat ihnen bestätigt, daß sie das seien, obgleich er die portugiesische Judengemeinde nie gesehen, vielleicht nie von ihr gehört hatte und nicht wußte, wem er das Gutachten ausstellte. In seinem Essay „Jacob van Ruysdael als Dichter" beschreibt Goethe ein Landschaftsbild; es stellt den Friedhof der Amsterdamer portugiesischen Juden zu Oudekerk dar, was Goethe unbekannt war. „Bedeutende, wundersame Gräber aller Art, durch ihre Formen teils an Särge erinnernd, teils durch große aufgerichtete Steinplatten bezeichnet, geben Beweis von der Wichtigkeit des Kirchsprengels und was für edele und wohlhabende Geschlechter an diesem Orte ruhen mögen."

Dieser Friedhof ist noch da, und obwohl Straßenbahn Nr. 8 direkt hinführt, ist er immer noch wildromantisch, man kann wirklich sein getreues Abbild für dichterische Phantasie halten. Unter den ältesten Katafalken liegen Granden: Samuel Palache, Gesandter des Sultans Mulay Sidan von Marokko, Mozes Jehuda Beori, embaixador Mohammeds IV. am Hofe Karls IX. von Schweden, Manuel Teixera, Resident der Königin Christine von Schweden bei der Hansa, die Gründer der Diamantschleiferei und berühmte Juweliere wie Manuel Baron Belmonte, Curiel und Duarte del Piaz, Kaufleute, die zwischen Brasilien und den Niederlanden segelten, Bringer von Kaffee, Tabak, Olivenöl. Auf den Grabsteinen liest man Namen und Insignien von Ärzten, Schüler der maurischen Heilkundigen, Joseph Bueno, der ans Sterbebett des Prinzen Maurits gerufen worden war, sein Sohn, der Arzt Ephraim, genannt Bonus, Gómez de Sossa, Leibarzt des Kardinal-Infanten Ferdinand, Statthalters in den Niederlanden; Verfasser von Reisebeschreibungen, Übersetzer von Lope de Vega und Cervantes, Theologen und Philosophen liegen hier bestattet, darunter Doctor Semuel da Silna, der mit seinem „Tratado da Immortalidade da alma", erschienen anno criaçao do mundo 5383 (1623), die Exkommunikation Uriel da Costas ideologisch vorbereitete. Uriel da Costa ertrug nicht die Schmach des Bannfluchs, er widerrief, und sich dieser Schwäche schämend, entleibte er sich. Spuren davon, wie es die Emigranten den Mönchen Spaniens an Gottesgelahrtheit, Unduldsamkeit und Mystik gleichtun wollten, finden wir in den alten Drucken der Gemeindebibliothek, der Livraria Montezinos, eines der niedrigen Häuser, die die Synagoge wie ein Burgwall umgeben. Der Bibliothekar Don Silva Roza zeigt seine Schätze nicht gern her, am wenigsten gern die vom Ende des siebzehnten und vom Beginn des achtzehnten Jahrhunderts, der Zeit des Sabbatai Zewi, der sich den Messias nannte. Keine Gemeinde der Judenheit schloß sich ihm mit solch bedingungsloser Inbrunst an wie die spaniolische zu Amsterdam. Sie hoffte, dieser Gott werde sie nun in das Gelobte Land zurückführen, auf dem gleichen Weg, den sie gekommen war: zunächst auf die Pyrenäenhalbinsel und dann – aber darauf legte sie ersichtlich keinen besonderen Wert – nach Jerusalem. Auf jener ersten Etappe, in Kastilien, Aragonien oder Portugal, würden die Heimkehrer vollberechtigte Granden sein mit dem Degen an der Seite und dem Orden vom Goldenen Vlies an der Brust, halleluja!

Als unstet, als unbodenständig, als ein Nomadenvolk gelten die Juden. Und dennoch zog es sie jahrhundertelang nach einer sie nicht liebenden Heimat, nach dem mächtigen Königreich, dem goldbetreßten Adel und dem prächtigen Zeremoniell, auch als dort von königlicher Macht und Adelsherren und Pracht längst nichts mehr übriggeblieben war.

Die Ostjuden auf der anderen Straßenseite haben solche Sehnsüchte freilich nie gehegt, die Rückkehr zum Zaren bot keine Lockung, sie blieben mißtrauisch gegen den hergelaufenen Messias, leugneten seine Berufung, schmähten ihn. Über solche Gotteslästerung zeterten die Sepharden, gaben sich noch fanatischer an Sabbatai Zewi hin; die Männer aus Priestergeschlechtern mußten zum Zeichen, daß das Himmelreich auf Erden gekommen sei, an jedem Sonnabend die Gemeinde segnen (geschieht heute noch), und die alten Gebetbücher, die uns Don Silva Roza unwillig vorlegt, sind mit seltsamen, kupfergestochenen Titelblättern geschmückt: Sabbatai Zewi thront über den Wolken, eine Krone trägt er auf dem Haupt, Strahlen gehen von ihm aus, und Posaunenengel verkünden: „Du bist der Ewige, unser Gott, Sabbatai Zewi."

„Ein Schwindler ist er", schallte es von der gegenüberliegenden Seite des Jonas-Daniel-Meijer-Platzes zurück, „ein gemeiner Betrüger"; welch Bürgerkrieg des Glaubens durchwütete das Ghetto von Amsterdam.

Beweist die Bibliothek Montezinos das Interesse der Sepharden an Literatur, Wissenschaft und Theologie, beweist der Bau der Synagoge ihren architektonischen Ehrgeiz, der Inhalt der Vitrinen in der Alten Stadtwaage ihren Sinn für Kunstgewerbe und die Grabmonumente von Oudekerk ihr Verhältnis für Skulptur, so müssen wir, um ihre Beziehung zu Malerei und Zeichenkunst kennenzulernen, eine fünfte Örtlichkeit aufsuchen, ein Ghettohaus mitten auf Jodenbreestraat. Das hat Rembrandt van Rijn bewohnt, von Anfang 1639 bis Ende 1657, beinahe als einziger germanischer Bürger unter einer Anrainerschaft von Mittelmeerjuden und Ostjuden. (Genauso wie er hat sich lange vor ihm und fern von ihm Greco im Kern der Judeiría von Toledo angesiedelt, um den bewegten Typen des Alten Testaments nahe zu sein, wenngleich sich diese hinter dem Neuen Testament zu verschanzen begannen.)

In dem Haus Rembrandts wimmelte es von Juden, und noch heute wimmelt es von ihnen, der große Hausherr ist tot, aber seine Modelle leben. Die Regeln der mosaischen Religion untersagen es ihren Anhängern, sich ein Bildnis zu machen von dem, was in dem Himmel oben und auf der Erde unten ist, und natürlich auch, sich ein solches Bildnis machen zu lassen. Aber die Seele der Emigranten war von der schmachvollen Vertreibung und von dem Wunsch erfüllt, das Beispiel ihrer hochgeborenen Peiniger nachzuahmen. Von Velázquez und

Greco hatten sich die spanischen Notabeln porträtieren lassen, die Davongejagten ließen sich von Rembrandt malen, sie kamen freilich selten als Auftraggeber, sie gaben nur gern seinem Wunsche statt, ihm Modell zu stehen.

So entstanden die Bildnisse des Arztes Ephraim Bonus, des Philosophen Menasse ben Israel, die Rabbinerporträts, und viele hundert Typen aus Rembrandts Nachbarschaft füllen seine biblischen Stiche und Gemälde. Frauengestalten sind darunter, auch sie erhaschte Porträts von Jodenbreestraat und von Houtgracht, wie der Waterloo-Plein vor der Schlacht bei Waterloo hieß. Nur die „Judenbraut" ist keine Judenbraut, sondern Rembrandts reinrassisch arische Nichte, und der Bräutigam neben ihr ist kein jüdischer Bräutigam, sondern des Meisters Sohn Titus. Um so authentischer jüdisch ist auf dem berühmten Stich „Synagoge" das handelsbewegte Treiben der hochbemützten und langbebärteten Gestalten vor den Tempelstufen. Rembrandts sephardische und aschkenasische Zeitgenossen leben auf seinen Gemälden als König Saul und dessen Harfenist David, als segnender Jaakob, als Haman und Esther, als der erblindete Belisar, als Abraham, der zur Opferung seines Sohnes ansetzt.

Unter Glas und Rahmen liegen im verwaisten Atelier Rembrandts die einzigen Buchillustrationen, die er gemacht hat, Blätter zu einer Prosadichtung seines Freundes Menasse ben Israel, betitelt „Pedro Precioso". Titelheld ist ein Stein, auf dem Nebukadnezar stand und der identisch ist mit dem Stein, den David auf Goliath schleuderte, und mit dem Stein, auf dem Daniel ruhte, als er seine Vision hatte, und auch mit dem Stein, auf den sich die Himmelsleiter Jaakobs stützte. Auf den Körper Nebukadnezars ist eine Landkarte mit vier persischen Provinzen gezeichnet, die nicht auf Rembrandts Kupferplatte entstanden war. Aus irgendwelchen närrisch-kabbalistischen Gründen hat der Autor und Drucker Menasse sie eingefügt, worauf Rembrandt wütend geworden sein und alle Beziehungen mit ihm abgebrochen haben soll.

Achtzehn Jahre wohnte Rembrandt in der Judengasse. An dem Tag, an dem seine Gläubiger das Haus zum Zweck der Zwangsversteigerung amtlich inventarisieren ließen, am

27. Juni 1657, wurde auch ein jüdischer Bewohner des Ghettos aus der Gemeinschaft vertrieben. Diesen aber vertrieben seine Glaubensgenossen selbst.

Schwarzumflorte Kerzen staken in den ziselierten Silberleuchtern, in denen sich heute noch die Sabbatlichter in vielfachen Reflexen spiegeln, und das gleiche Widderhorn, das noch immer Beginn und Ende der hohen Festtage verkündet, dröhnte die Begleitmusik zu jenem von Verbannten ausgesprochenen Urteil der Verbannung: „Verflucht sei er zu allen Stunden des Tages, und er sei verflucht zu allen Stunden der Nacht. Verflucht sei er, wenn er sich niederlegt zur Rast, und er sei verflucht, wenn er aufsteht zur Arbeit. Verflucht sei er, wenn er ausgeht, und er sei verflucht, wenn er zurückkehrt. Der Zorn und der Grimm des Herrn Zebaoth werden entbrennen gegen ihn, der Herr Zebaoth wird seinen Namen auslöschen unter dem Himmel für ewig und immerdar."

Der solcherart Vermaledeite war Baruch Spinoza, sein Name ist nicht ausgelöscht, wenn man auch sein Konterfei im Mosaik der mosaischen Gestalten nicht zu entdecken vermag, die Rembrandt aus seiner Umwelt ausgewählt und für ewig und immerdar festgehalten hat. Rembrandt und Spinoza besaßen gemeinsame Bekannte. Spinozas Lehrer war jener Menasse ben Israel, den Rembrandt porträtiert und dessen Buch er illustriert hatte. Die Protektoren Rembrandts und Spinozas waren Vater und Sohn Huygens. Constantin Huygens entdeckte Rembrandts Genie auf dem Schüttboden einer Mühle am Rhein und verschaffte dem Müllerssohn Aufträge vom Prinzen Maurits von Oranien; der Sohn dieses Constantin Huygens, Christian, gab Spinoza Arbeit, er ließ bei ihm Linsen für die Mikroskope schleifen, durch die die Forscher jener Zeit die Natur zu beäugen begannen, um die Übereinstimmung mit ihren Theorien festzustellen.

Nur wenige Schritte voneinander entfernt wohnten Rembrandt und Spinoza. Sind die beiden einander je begegnet? Nichts ist davon überliefert, nicht Rembrandt hat ihn verewigt, erst Goethe, Marx und Lessing künden die Glorie von Spinozas Geist.

Die aber, die ihn ausstießen, sind so stolz auf ihn, wie sie stolz sind auf die, von denen sie ausgestoßen wurden. Stolz wie die Spanier heiraten sie nur untereinander und schauen hochmütig auf die misera plebs hinab. Wohl würden sie niemals der Einladung Christi von der Antoniuskerk Folge leisten, aber noch weniger sich mit den Ostjuden auf der anderen Seite des Jonas-Daniel-Meijer-Platzes gemein machen.

Sie sind in ihrer Urväter Zeiten als Vertreter des heraufkommenden Handelskapitals vom eifersüchtigen Feudaladel Spaniens abgeschafft worden, wie andernorts die verschuldete Schlachta Polens auf ihre Gläubiger den Zorn des ausgebeuteten Volks lenkte. Ob südländische Sephardim oder nordländische Aschkenasim, sie sind gleichermaßen Opfer ihres Merkantilismus, Opfer des Konkurrenzneids. Dennoch verhehlen die Spaniolen ihre großbürgerliche Verachtung für den Kleinbürger nicht, selbst wenn der ihr Glaubensgenosse, ihr Leidensgenosse, ihr Exilgenosse ist. Flüchtlinge der spanischen Inquisition zu sein, dünkt ihnen etwas Vornehmes, wogegen sie in den Flüchtlingen der Pogrome, noch nach dreihundert Jahren, einen Armeleutegeruch spüren.

So viele von ihnen längst verarmt sind, sosehr die Gemeinde in Vermögensschichten zerfallen ist, die miteinander gar nicht verkehren, sie leben allesamt in der Einbildung weiter, „edelen und wohlhabenden Geschlechtern" anzugehören. Diamantenschleifer, auch arbeitslose, sitzen unter den Tempelleuchtern und sind darauf bedacht, es den anderen „parnassimos senhores" und den Ahnen an Würde gleichzutun; wer ihnen sagte, daß sie Arbeiter sind, würde sie beleidigen, wer ihnen von proletarischer Organisation zu sprechen wagte, gegen den würden sie ihren nicht vorhandenen Degen zücken. Sie und die stellungslos gewordenen Angestellten des Kaffee-Exports und des Tabakversands, die älteren wenigstens, warten lieber auf einen neuen Sabbatai Zewi, der sie via Kaffeebörse und Tabakbörse in die schönen Tage von Aranjuez führen wird.

Kein Spharde von Amsterdam, und wäre er noch so bettelarm, würde auf dem Wochenmarkt von Waterloo-Plein oder am Sonntagsmarkt von Oude Schans als Verkäufer schaustehen oder gar seinen Namen preisgeben, wie es der Aschkenase tut, indem er ausschreit: „Heimann ist bekennt."

SCHIME KOSINER (UNHOSCHT) VERKAUFT EIN GRUNDSTÜCK

Von der Dummheit des Kaufmanns Schime Kosiner in Unhoscht sind noch heute viele Geschichten in Umlauf, die alle mit der Phrase beginnen: „Wenn ein Jud blöd ist..."

Zu seinen Lebzeiten war im weiten Umkreis seine Dummheit noch populärer, und Herr Gustav Dub, der rote Dub, rieb sich schon im voraus die Hände, als er erfuhr, daß das Geleise der projektierten Prag-Buschtiehrader Eisenbahn auch über das Grundstück Schime Kosiners in Unhoscht gehen werde.

Ja, wer die glänzenden Beziehungen des Herrn Gustav Dub, des roten Dub, kannte – und wer kannte sie nicht! –, konnte vermuten, er selbst habe die Eisenbahningenieure bewogen, die Strecke dorthin zu leiten. Eine solche Kombination wäre jedoch falsch, denn hätte Herr Gustav Dub, der rote Dub, seine eben geriebenen Hände im Spiel gehabt, hätte er sicherlich genau an der Stelle, wo jetzt „Simon Kosiner, Gemischte Warenhandlung" stand, das Bahnhofsgebäude hinbauen lassen. So aber hatte Herr Gustav Dub, der rote Dub, bloß aus dem (streng geheimen) Projekt ersehen, daß der zukünftige Schienenstrang eine Ecke des Kosinerschen Hauses streifen werde, nein, nicht einmal des Hauses, nur des Hofes.

Kaum zehn Meter im Geviert brauchte die künftige Eisenbahnlinie vom Kosinerschen Hof. Aber Herr Gustav Dub, der rote Dub, wußte, daß ihm die Prag-Buschtiehrader Eisenbahngesellschaft für dieses Stückchen Boden fünfhundert Gulden österreichischer Währung bezahlen werde, während er es dem dummen Schime Kosiner für höchstens zweihundert abzuknöpfen hoffte. Den Gewinn von dreihundert Gulden eskomptierte Herr Gustav Dub, der rote Dub, indem er sich die Hände rieb.

Er machte sich auf die Reise, sprach bei Bauern in Rusyn, Hostiwitz und Jenetsch vor, erstand von ihnen komisch geformte Ausschnitte ihrer Parzellen („mit dem Plane in der

Hand, kauft man sich das ganze Land", pflegte er zu sagen) und kam am Abend nach Unhoscht. Die „Gemischte Warenhandlung Simon Kosiner" war schon geschlossen, so daß Gustav Dub, der rote Dub, durch die Haustür eintreten mußte. „Mein Mann ist im Gewölb und schreibt", sagte Frau Kosiner, „kommen Sie, bitte, morgen wieder. Bei der Arbeit darf ihn niemand stören."

Das stimmte. Allabendlich nach dem Essen schloß sich Schime Kosiner im Laden ein, um am Stehpult zu schreiben. Im Wohnzimmer mußte von da ab vollkommene Ruhe herrschen, damit kein Ton zu ihm dringe, wenn er abends und nächtens arbeitete. Was aber arbeitete er? Solange er lebte, erfuhr es niemand. Selbst seine Familienangehörigen wußten nur, daß er ganze Riese feinen Ministerpapiers beschrieb, Unmengen von R-Federn und Kaisertinte verbrauchte und die beschriebenen Bogen in ein Schubfach versperrte, zu dem nicht einmal seine Frau einen Schlüssel besaß.

Über den Inhalt seiner Aufzeichnungen verriet er nichts, nur selten machte er eine Andeutung, indem er die Unterlippe bedeutungsvoll vorschob und langsam die Weisheit aussprach: „Philosophie ist eine große Sach."

Erst nach Schime Kosiners Tod wurde das Geheimfach geöffnet. Auf Tausenden von Bogen fanden sich Abschriften der Heineschen „Lorelei", manche in großen energischen Schriftzügen, manche in kleinen zierlichen, aber alle mit äußerst verschnörkelten Anfangsbuchstaben; insbesondere die Windungen des I, mit dem das Gedicht beginnt, waren oben und unten acht- bis zehnmal ineinandergeringelt, und unter jedem Exemplar des Gedichtes stand der Name des Autors, „Simon Kosiner, Unhoscht, Post Kladno".

Seinen Namen schien er überhaupt sehr zu lieben: viele Hunderte Blätter, beiderseitig beschrieben, wiesen nichts anderes auf als das Autogramm; es gab da Simon Kosiners in Steilschrift, Simon Kosiners in Liegeschrift, Simon Kosiners in Kursiv und in Fraktur, Namenszüge ohne Ortsbezeichnung, solche mit der Ortsbezeichnung Unhoscht, ohne Angabe der nächsten Poststelle und solche mit dem ausdrücklichen Vermerk „Post Kladno".

Sicherlich wäre diese Geistestätigkeit Schime Kosiners auch nach seinem Tode Geheimnis geblieben, wenn die Hinterbliebenen sich nicht entschlossen hätten, den ganzen dichterischen Nachlaß als Makulatur zu verkaufen, wodurch es geschah, daß man jahrelang in der ganzen Gegend kein Olmützer Quargel und keine Tüte Rocks-Drops kaufen konnte, ohne an Simon Kosiner, Unhoscht, erinnert zu werden und an ein Märchen aus uralten Zeiten, das kommt mir nicht aus dem Sinn.

Herr Gustav Dub, der rote Dub, glaubte schon damals nicht an den Wert von Kosiners dringlicher Nachtarbeit, und so gab er sich durchaus nicht damit zufrieden, von Frau Kosiner für den nächsten Tag bestellt zu werden, als er, den Streckenplan der projektierten Prag-Buschtiehrader Eisenbahn in der Brusttasche, nach Unhoscht kam, um einen Winkel von zehn Geviertmetern zu kaufen. So oft und so laut wiederholte er Frau Kosiner seinen Wunsch, noch heute mit dem Chef des Kosinerschen Hauses zu sprechen, bis Schime Kosiner das begonnene Manuskript seines Gedichtes „Lorelei" in das Schubfach verschloß und die Tür seines geistigen Laboratoriums öffnete. Der Gast durfte in das Gewölb eintreten.

„Ich will mich hier ankaufen", beginnt Herr Gustav Dub, der rote Dub, „und weil Sie als der gescheiteste Mensch in der ganzen Gegend bekannt sind, Herr Kosiner, möchte ich mir vorher Ihren Rat holen."

„Fragen Sie nur." Schime ist nicht im geringsten geschmeichelt. Es ist ihm selbstverständlich, daß er als der gescheiteste Mensch in der ganzen Gegend bekannt ist.

Herr Dub tritt zum Ladenfenster, das mit Säcken voll Mehl, Grieß und getrockneten Feigen vollgepfropft ist, und blickt in die Landschaft hinaus. Ein Faß mit Matjesheringen macht sich penetrant bemerkbar. Die Luft ist kühl, und es dunkelt. „Da drüben möchte ich mir ganz gern ein Häusel bauen. Wissen Sie zufällig, wem das Feld gehört?"

„Das gehört dem Bauer Vejvoda – der wird es ohne weiteres abgeben. Felder hat er zuviel, und Geld hat er zuwenig. Sie müssen es ihm nur bezahlen."

„Aha, ich verstehe, Herr Kosiner: ich muß es ihm nur bezahlen. Sehr gut gesagt! Wenn ich es ihm bezahle, so verkauft er es mir, wenn ich es ihm nicht bezahle, so verkauft er es mir nicht."

„Ganz richtig! Wenn Sie es ihm nicht bezahlen, so wird er es Ihnen nicht verkaufen."

Herr Gustav Dub, der rote Dub, nickt lebhaft. „Und wieviel kann der Vejvoda für das Feld verlangen?"

„Je mehr Geld Sie ihm geben werden, desto sicherer wird er es verkaufen, das sage ich Ihnen, ich, Simon Kosiner aus Unhoscht."

„Soso. Sehr interessant! Es war doch gut, Herr Kosiner, daß ich mich an Sie gewendet habe."

Kosiner wehrt bescheiden ab. „Ich bitt Sie, ich kenn doch hier die Leute. Ich pflege immer zu meiner Frau zu sagen: Wenn einer aus Unhoscht ist, kann er mir nichts vormachen."

„Ausgezeichnet!" lacht Herr Gustav Dub, der rote Dub. „Ausgezeichnet gesagt, ‚wenn einer aus Unhoscht ist, kann er mir nichts vormachen'. Das ist großartig ausgedrückt. Aber ich glaube, Herr Kosiner, Ihnen kann einer auch dann nichts vormachen, wenn er nicht aus Unhoscht ist."

„Na ja, ein bisserl Menschenkenntnis hat man schon."

Herr Gustav Dub, der rote Dub, schaut prüfend durch das Fenster. „Einen Nachteil hat die Geschichte. Ich möchte nicht, daß man mir so in das Haus hineinsieht. Ich hab das nicht gern, wenn die Leute auf der Landstraße fragen: Wem gehört die Villa da?" Pause scheinbaren Nachdenkens. „Wenn ich wenigstens einen Teil der Front in diesen Hof hineinbauen könnte, dann wäre mein Haus von Ihrem etwas verdeckt."

„In meinen Hof?"

„Nur ein Stückchen. Zehn Quadratmeter vielleicht. Sagen wir ... bis zu dem Hühnerstall dort."

Herr Kosiner denkt nicht lange nach – der Hof ist groß genug, und ob der Abort und der Düngerhaufen in der oder in der anderen Ecke stehen, ist egal. „Wenn Sie es bezahlen – warum nicht?"

„Bezahlen, bezahlen! Was kann ich da viel bezahlen, für ein Stückerl Hof ...?"

„So? Das sagen *Sie*. Ich aber, ich hab mich schon so gewöhnt daran, daß dort die Jauche ist und unser Abort – sehen Sie das

Herz in der Tür? Das habe ich selbst ausgeschnitten, bevor ich geheiratet habe, damit meine Frau immer vor Augen hat, wie lieb ich sie hab."

„Sie haben das selbst ausgeschnitten?"

„Ja, eigenhändig – es ist wie vom Drechsler, man kann das jetzt nicht sehen, Sie sollten sich das einmal bei Tag anschauen."

„Wirklich, sehr sinnig ist das. Aber was haben wir davon, reden wir von Tachles: Wieviel wollen Sie für den Winkel?"

„Unter zwölf Gulden kann ich's nicht hergeben, soviel kostet es mich selber."

Herr Gustav Dub, der rote Dub, kann das Lachen kaum unterdrücken. Er unterdrückt es dennoch, denn Schime Kosiner schielt ihn forschend an, ob ihm der Preis nicht zu hoch sein wird. (Zwei Gulden, denkt Schime Kosiner, würde ich eventuell noch nachlassen.) Herr Gustav Dub aber, der rote Dub, denkt gar nicht daran, etwas abzuhandeln. Bei einem Einkauf von zwölf Gulden nicht weniger als vierhundertachtundachtzig zu verdienen, das ist Profit genug. „Weil Sie's sind, Herr Kosiner, und weil Sie das Herz in die Klosettür eingeschnitten haben" – er hält ihm die Hand hin –, „bin ich einverstanden."

Kosiner schlägt ein, hat aber doch noch Angst, es könnte aus dem Kauf nichts werden. „Und wenn Sie morgen das Feld von dem Vejvoda nicht kaufen?"

„Das macht nichts. Ich habe Ihnen meinen Handschlag gegeben, und unser Kauf gilt."

„Unser Kauf gilt! Wann bekomm ich die zwölf Gulden?"

„Wir können gleich den Kontrakt machen, und dann kriegen Sie sofort Ihr Geld."

„Sehr gut. Machen wir gleich den Kontrakt, und dann krieg ich sofort mein Geld. Ich pflege immer zu meiner Frau zu sagen: Wenn man dir gibt, so nimm, wenn man dir nimmt, so schrei!"

„Ausgezeichnet! Also, wo haben Sie Feder und Tinte?" Herr Gustav Dub, der rote Dub, zieht ein Formular aus der Tasche, beklebt es mit einer Fünfzehn-Kreuzer-Stempelmarke und will zu schreiben beginnen. Das aber möchte Kosiner selbst tun, und wir, die wir aus seinem Nachlaß seine Leidenschaft fürs Schreiben kennen, begreifen es vollauf.

Herr Gustav Dub, der rote Dub, diktiert, und Schime Kosiner schreibt, glückselig, weil er schreiben darf, glückselig, weil er zwölf Gulden bekommen wird. Unbedacht wiederholt er alle Klauseln, von denen bisher nicht gesprochen worden ist, alle Phrasen, von denen er nichts versteht, alle grundbücherlichen Angaben, deren Kenntnis bei dem ortsfremden Vertragspartner ihn gar nicht überrascht, und bringt alles mit den verschnörkeltsten Schnörkeln zu Papier.

Dub (diktierend): „Ich, Endesgefertigter, Simon Kosiner in Unhoscht, alleiniger Grundstücksinhaber des Areals Katasterzahl 734 C..."

Kosiner (schreibend): „... Areals Katasterzahl 734 C..."

„... Komma, Eintragung römisch IV, pagina 39 des Bezirksgrundbuches..."

„... römisch IV, pagina 39 des Bezirksgrundbuches...", schreibt Schime Kosiner, und es fällt ihm nicht auf, wieso die Nummer seines Grundstücks dem fremden Besucher bekannt ist.

„... trete hiermit heutigen Tages an Herrn Gustav Dub, Realitätenvermittler in Weinberge bei Prag..."

„... Realitätenvermittler...", wiederholt Schime Kosiner schreibend, ohne daß diese Berufsbezeichnung irgendeinen Verdacht in ihm weckt.

„... für den heute in bar erhaltenen Kaufpreis von Fl. 12 – in Worten: zwölf Gulden österreichischer Währung – den an die Liegenschaft Katasterzahl 112 des Landwirtes Boleslaw Vejvoda..."

„... Katasterzahl 112 des Landwirtes Boleslaw Vejvoda..." Die Frage, woher der Besucher den Vornamen des Bauern drüben kennt, drängt sich dem Schreibenden nicht auf.

„... angrenzenden Teil meines Hofes im Ausmaße von zehn Quadratmetern ab und erkläre, auch bei besonderer Wertsteigerung und bei Weiterverkauf an den Fiskus oder an eine Gesellschaft..."

„... auch bei besonderer Wertsteigerung und bei Weiterverkauf an den Fiskus oder an eine Gesellschaft..."

„... auf deren Bevorstehen mich übrigens Herr Gustav Dub ausdrücklich aufmerksam gemacht hat ..."

„... ausdrücklich aufmerksam gemacht hat ..."

„... keinerlei Regreßansprüche zu stellen und keinen Protest einzulegen ..."

„... einzulegen ..."

„... Die grundbücherliche Eintragung kann morgen von Herrn Dub beim Kladnoer Bezirksgericht durchgeführt werden. Neue Zeile: Urkunddessen ..."

„... Urkunddessen ..."

„... wurde obige Erklärung ..."

„Wie?" Schime Kosiner zuckt plötzlich auf. „Wie?"

Herr Gustav Dub, der rote Dub, wiederholt: „... wurde obige Erklärung ..."

„Wie? Was heißt ‚wurde'?"

Herr Gustav Dub, der rote Dub, wiederholt nochmals: „... wurde obige Erklärung von mir geschrieben ..."

Schime Kosiner ist sehr unruhig. „Was für ein ‚wurde'? Was für ein ‚wurde'?"

Herr Gustav Dub, der rote Dub, verbeißt mit Mühe sein Lachen, er wirft hin: „Sie wissen nicht, was ‚wurde' bedeutet, Herr Kosiner?"

„Nein! Ich weiß nicht, was soll es bedeuten, daß ich so ..." Gewiß hätte er sein ganzes Gedicht aufgesagt, wenn ihn nicht Herr Gustav Dub, der rote Dub, begütigend unterbrochen hätte, um ihm zu erklären, daß „wurde" ein ganz harmloses Hilfszeitwort sei. Schime Kosiner aber ist aufgesprungen und hört ihm gar nicht zu. „Von ‚wurde' haben wir nichts ausgemacht, kein Wort ist von ‚wurde' geredet worden, und jetzt wollen Sie mir auf einmal ein ‚wurde' in den Vertrag hineinschmuggeln! Was für ein ‚wurde'?"

Gut, gut! Herr Gustav Dub, der rote Dub, ist durchaus bereit, das Wort wegzulassen. „Also schreiben wir ‚ist obige Erklärung von mir geschrieben worden' ..."

In Schime Kosiner ist aber nun einmal ein Verdacht erwacht, seine Erregung wächst, steigert sich zum Zorn, ist nicht mehr zu dämmen. „Gar nichts schreiben wir" – er reißt den Vertrag in Stücke –, „was für ein ‚wurde'?" Er schlägt mit der Faust auf das Ladenpult. „Sie haben mir ein ‚wurde' einreden wollen – kommt sich daher aus Prag mit seinem ‚wurde', so ein rothaariges Gigerl – schauen Sie, daß Sie hinauskommen!"

„Aber, Herr Kosiner, bedenken Sie doch..."

„Bedenken? Gar nichts brauch ich zu bedenken, Sie Gauner, Sie Betrüger, Sie! Hinaus!"

Zitternd vor Wut, mit geballten Fäusten, steht er da. „Hinaus! Oder ich schlag Sie tot, Sie Strolch, Sie... Sie... Sie Zuchthäusler, Sie! Sie... Sie... Sie Wurde!"

Herr Gustav Dub, der rote Dub, drückt sich blaß und schlotternd aus der Tür ins Wohnzimmer. Er will Frau Kosiner ansprechen, ihr die Sache erklären, aber hinter ihm erscheint der augenrollende Schime Kosiner. „Hinaus, sag ich! Hinaus aus meinem Haus, Sie roter Hund, Sie, oder..."

Was bleibt Herrn Gustav Dub, dem roten Dub, übrig, als zu flüchten? Er flüchtet.

Schime Kosiner kehrt in das Gewölb zurück und schlägt die Tür hinter sich zu. Aus dem Schubfach holt er das Fragment der „Lorelei". Er will weiterschreiben, „... ergreift es mit wildem Weh...", aber seine Hand bebt noch. Er rennt zum Ladenfenster, reißt es auf, schleudert ein Kilogewicht auf die finstere Landstraße, in die Richtung, in der Herr Gustav Dub, der rote Dub, verschwunden ist. „Wurde", schreit er dazu, „ich werd dir schon geben ‚wurde'!"

Dann geht er zu seinem Arbeitstisch, nimmt das unterbrochene Gedicht auf:

> Ergreift es mit wildem Weh;
> Er schaut nicht die Felsenriffe,
> Er blickt hinauf in die Höh'.

Das „Wurde" spukt ihm noch im Kopf, und die Schnörkel gehen ihm nicht von der Hand, aber allmählich gestalten sie sich freier, bei der Zeile von „Fischer & Kahn" sind sie bereits schön rund, die Unterschrift „Simon Kosiner, Unhoscht, Post Kladno" hat den üblichen Schwung, und nach Monatsfrist verkauft er die zehn Quadratmeter große Ecke seines Hofs an die Prag-Buschtiehrader Eisenbahngesellschaft zum gerichtlichen Schätzwert von zweihundertfünfzig Gulden.

LOBING, PENSIONIERTER REDAKTEUR

Lobing, pensionierter Redakteur – erführe der alte Lobing, daß sich diese drei Worte auf ihn beziehen, er würde ihnen ein geharnischtes Dementi entgegensetzen: Weder heiße er Lobing, noch sei er pensionierter Redakteur. Eine solche Erklärung von seiner Seite müßte als authentisch und unanfechtbar gelten; denn jeder weiß doch selbst am besten, wie er heißt und welchen Beruf er hat.

Nur gerade für Lobing, den pensionierten Redakteur, stimmt das nicht. Er weiß wirklich nicht, daß er Lobing heißt und ein pensionierter Redakteur ist.

Es war auch nicht immer so. Mehr als vierzig Jahre lang war er ein aktiver Redakteur und hieß Löwi, an mehr als vierzigmal dreihundertfünfundsechzig Abenden behandelte er je eine Nachricht oder einen Standpunkt oder eine Forderung teils mit Empörung, teils mit Belehrung, teils mit Verehrung, bis alles zusammen genau zwei Spalten à hundert Zeilen lang war und sich an der Spitze des Blattes sehen lassen konnte. Im letzten Drittel des neunzehnten Jahrhunderts haben sich alle wichtigen und viele unwichtige Vorgänge die Behandlung durch den Redakteur Löwi gefallen lassen müssen. In jedem seiner Leitartikel loderte die dem Abonnentenstamm bekömmliche Erregung über das Verhalten dieses oder jenes Staatswesens auf, der Leser am Frühstückstisch oder sonstwo mußte ihn mit dem langsamen Kopfschütteln der Anerkennung zu sich nehmen und dazu brummen: „Der gibt es ihnen heute ganz schön!"

Löwi war streng und gerecht. Wohl züchtigte er seinen jeweiligen Gegner, aber er ließ es dabei an wohlmeinenden Ratschlägen nicht fehlen, und diese wurden in einer so würdigen, ja feierlichen Sprache vorgebracht, daß die europäerfeindlichen Mandarine der chinesischen Kaiserin oder der französische General Mac-Mahon oder die Projektanten des Suezkanals das häufig die zweihundertste Zeile abschließende „Caveant consules" sicherlich beherzigt hätten, würden sie den betreffenden Leitartikel Löwis gelesen haben.

Sie haben ihn nicht gelesen und haben sich die Folgen selbst zuzuschreiben. Davon abgesehen sind sie um ästhetische Genüsse gekommen, denn Löwi verstand es wie kein zweiter, eine einfache Behauptung mit Schwung und Wucht und Hohn hinzuschleudern. „Wahrlich nimmermehr", weissagte seine scharfe Feder am Tage vor der Schlacht bei Königgrätz, „wahrlich nimmermehr werden es die feigen Horden des in unauflöslichem Verfall begriffenen Preußenvolkes wagen, die jämmerlich gestammelten Drohungen des törichten Gernegroß Bismarck wahr zu machen und ihre rostigen Waffen zu erheben versuchen gegen die siegesgestählte, glorreiche Monarchie, deren vom hehren Geiste Vater Radetzkys durchpulstes Heer der wilhelminischen Soldateska fürwahr alsbald ein zweites Cumae bereiten würde..."

Solches und ähnliches verkündete Löwi vierzigmal jahrein, vierzigmal jahraus. Wenn er zu diesem Behufe von der neunten bis zur zwölften Nachtstunde an seinem Schreibtisch saß, durfte es niemand wagen, auch nur ein Wort an ihn zu richten, denn Löwi schrie jeden Störer mit Stentorstimme an: „Zur Erregung brauche ich Ruhe!"

Selbst Nachrichten, die sich auf das Thema des in Entstehung begriffenen Leitartikels bezogen, nahm er während des Schöpfungsaktes nur im äußersten Notfall entgegen. Er haßte Telegraf und Telefon, das waren Büttel Luzifers, ausgesendet, um die schönstgeschliffenen Prämissen eines Leitartikels ins Gegenteil zu verkehren und dadurch die eben gezogenen ehernen Folgerungen aufzuheben.

Neuerungen gegenüber, von denen dem Leitartikel keine direkte Gefahr zu drohen schien, gab sich Löwi modern, sogar die Erfindung des Automobils erweckte sein Wohlgefallen, wenngleich er es nicht unterließ, seinem Lob die Einschränkung hinzuzufügen: „Ein Verkehrsmittel kann es allerdings niemals werden."

Was er noch mehr haßte als Telefon und Telegraf, war das „Klavier des Teufels". In der Ära des Handsatzes war der gänzliche Umbau eines Leitartikels schon aus zeitlichen Gründen unmöglich gewesen, der Setzer brauchte genausoviel Zeit, wie Löwi brauchte, um zu dichten. Als das erste Klavier des Teufels, die Setzmaschine, aufgestellt wurde, war es mit der Sicherung des Leitartikels vorbei. Jede noch so spät einlaufende Nachricht barg die Möglichkeit, in einen Leitartikel umgemünzt zu werden. Allerdings nicht von Löwi selbst. Ihm, der vierzig Jahre lang allmitternächtlich die Redaktionsstube mit der Sicherheit verlassen hatte, der Welt die richtige staatsmännische Beurteilung der Lage geliefert zu haben, ihm widerfuhr es nun wiederholt, daß er morgens an der Spitze des Blattes etwas las, was mit dem gestern abend von ihm Verfaßten in keiner Weise identisch war.

Eine andere Generation von politischen Journalisten war auf den Plan getreten, die ihre Wichtigtuerei und Eitelkeit unter der Maske von Zynismus und Selbstverspottung verbargen. Diese wendigen und spritzigen Gesellen genossen die Protektion der beiden neuen Herausgeber, die die Zeitung mit dem Tode ihres Vaters übernommen hatten und beweisen wollten, daß sich das Blatt gewendet habe, gleichgültig, wie. Vor allem paßten ihnen die zu jüdischen Namen des Redaktionspersonals nicht, die Pollak, Kohn und Löwi, und so erwirkten sich die Herausgeber für eine dem Regierungschef erwiesene Gefälligkeit den Gegendienst, die Namen der Redakteure kumulativ ändern zu lassen.

Der alte Löwi kam bei dieser Gelegenheit zu dem Namen Lobing. Als er sich aber weiterhin nur „Löwi" nannte und als die Herausgeber eines Tages bemerkten, daß er sich im Quittungsbuch konsequent als Löwi unterschrieb, fiel ihnen ein: Sie hatten vergessen, ihn von seiner Namensänderung zu benachrichtigen. Nun ließen sie es schon dabei bewenden und nahmen auch davon Abstand, dem alten Lobing, der immer seltener und schließlich überhaupt nicht mehr zur Abfassung von Leitartikeln herangezogen worden war, von seiner Versetzung in den dauernden Ruhestand Mitteilung zu machen.

So weiß Lobing, der pensionierte Redakteur, weder, daß er Lobing heißt, noch daß er ein pensionierter Redakteur ist.

An jedem Monatsersten nimmt er seine Pension in Empfang, die er für sein Gehalt hält, die Zwischenzeit verbringt er in der Redaktion, die Räume streng und würdig und allzeit leitartikelbereit durchmessend, gleichsam auf den Kothurnen, auf denen er einst je zweihundert Zeilen lang die Tagesereignisse begleitet hat.

Anfangs machte sich die Redaktionsjugend das Gaudium, ihn nach verschiedenen Aktualitäten zu fragen, von denen er keine Ahnung hatte, und sich an seiner gespreizten Antwort zu ergötzen. Später hörte der Spaß auf, Spaß zu sein, und man ließ den Alten in Frieden und Feierlichkeit durch die Zimmer wandeln. Was in ihm vorging, ahnte niemand. Bis an einem Sommertage des Jahres 1923 ein junger Redakteur aus Langerweile oder Übermut das Bedürfnis fühlte, Lobing anzusprechen.

„Was sagen Sie zur Abschaffung der Todesstrafe?"

Lobing hielt inne in seinem Löwengang, faltete die Hände auf dem Rücken und reagierte mit der Gegenfrage, die jeder erraten wird, der auch nur einen einzigen der Lobingschen Leitartikel gelesen hat. Mit erhobenen Brauen und erhobener Stimme fragte er: „Von wannen kommt Euch diese Wissenschaft?"

„Das Parlament hat es beschlossen."

Er hob den Finger. „Wobei füglich zu bedenken ist, daß jede beschlossene Änderung der Verfassung oder der Gesetze zuvörderst der Approbation des Kaisers bedarf."

„Welches Kaisers?" stieß der verblüffte Kollege hervor.

Belehrend und dennoch vorsichtigerweise den Namen des Kaisers vermeidend, gab Lobing zur Antwort: „Seiner Apostolischen Majestät des Kaisers von Österreich, Königs von Ungarn, Königs von Böhmen . . ."

Er hätte sicherlich den ganzen großen Titel deklamiert, aber der Kollege ließ ihn nicht einmal bis zum König von Lodomerien und Illyrien kommen, geschweige denn zum Gefürsteten Grafen von Tirol, zum Herrn von Görz und Gradiska oder gar zum König von Jerusalem, sondern unterbrach ihn: „Wir haben doch keinen Kaiser mehr!"

„Höre ich recht? Keinen Kaiser mehr? Was haben wir denn, mit Verlaub zu fragen?"

„Eine Republik haben wir."

Ganz fest sah Lobing den Sprecher an. „Seit welchem Zeitraum soll denn diese von Ihnen behauptete Staatsform der römischen res publica hierzulande Kraft und Geltung besitzen?"

„Seit fünf Jahren."

Lobing zuckte zusammen. „Seltsam und befremdlich!" Dann wandte er sich jäh um und nahm mit erregten Schritten seinen Aufundabgang durch die Redaktionsräume wieder auf.

Staunend schaute der Urheber des Gesprächs dem Alten nach, der einst alles Geschehen der Zeit ausführlich und kategorisch zu beurteilen hatte und nun vom Ausgang des Weltkriegs, vom Umsturz keine Kenntnis mehr besaß. Vielleicht, so dachte der Jüngere, vielleicht habe ich ihm diese Tatsachen zu rücksichtslos beigebracht, ihn dadurch gekränkt, daß er vor mir eine beschämende Lücke bloßlegen mußte.

Er eilte dem alten Lobing ins andere Zimmer nach, ihn zu begütigen. „Aber, Herr Lǫwi, Sie wissen doch natürlich, daß wir eine Republik haben, Sie wollten doch nur einen Spaß..."

„Nein", fiel Lobing, der pensionierte Redakteur, ihm ins Wort, elementar brach ein jahrzehntealter Groll gegen seine Hintansetzung hervor, Verbitterung und Beschwerde, „nein, ich hab das natürlich *nicht* gewußt. Ich bin ja in dieser Redaktion das fünfte Rad am Wagen. Mir sagt man doch nichts."

Und dieses schreiend, ballte er die Fäuste gegen einen Feind, der ihm die wichtigsten Ereignisse verheimlichte.

ROMANZE VON DEN BAGDAD-JUDEN

Das Territorium, auf dem die Exterritorialen wohnen, gehört keiner der neun chinabeherrschenden Großmächte, es gehört den Juden und den Jesuiten.

Heute soll von den Juden die Rede sein, denen wie jeder andern Völkerschaft eine Rolle im imperialistischen Ausbeutungsstück um Schanghai zugewiesen ist.

Wer den Theaterzettel dieser Vorstellung nicht kennt, kann die große Revue nicht verstehen.

Zwangszölle Zwangsanleihen Zwangseinfuhr	England
Nachtwächter der vorigen	Indien
Leibgarde der vorvorigen	Russische Weißgardisten
Korruption Opiumspelunken Kuppelei	Frankreich
Wächter der vorigen	Annam
Spitzel | Personal der Huren | vorigen	Russische Emigranten
Militär. Exekutive durch Krieg und Provokationen	Japan
Kinderarbeit Standard Oil Tobacco Comp. Entnationalisierung durch Missionen und Colleges	Amerika

Milit. Ratgeberei Waffenhandel	Deutschland
Grundstückspekulation	Juden
Schuldeneintreibung	Portugiesen
Spiel (Hai-Alai)	Basken
Einheimische Helfers- helfer der Fremden	Kuomintang

Man darf das nicht zu schematisch nehmen. Nicht selten springt einer aus seinem Rollenfach in ein anderes über.

Wir wollen uns, wie erwähnt, heute mit den Juden befassen, genauer gesagt, mit den Bagdad-Juden, dem indischen Opium und der Schanghaier Bodenspekulation. Ihr Stammgeschlecht ist die Familie Ibn Schoschon, die zu Anfang des sechzehnten Jahrhunderts aus Spanien geflüchtet ist, um den Schrecken der Inquisition und der Zwangstaufe zu entgehen, und sich in Bagdad niederließ. Dort rüsteten die Ibn Schoschon Karawanen aus und handelten mit Gewürzen. Aber flüchten zu müssen schien Familienschicksal zu sein, ein Pogrom vertrieb sie aus Bagdad. 1832 kamen sie über die persische Hafenstadt Abuschir nach Indien und wurden dort unter dem Namen Sassoon so reich, wie es sobald kein Nabob war.

Das könnte man als Beweis für jüdische Tüchtigkeit und für Jehovas Protektion ansehen, wenn nicht gleichzeitig die gleichzeitig mit ihnen aus Persien gekommene Familie Tata, Religion: Feueranbeter, ein ebenso märchenhaftes Vermögen erworben hätte. Abdullah David Sassoon machte viel in Baumwolle, Dirabji Jamsetji Tata mehr in Erzgruben, sonst aber haben ihre Schicksale sehr viel Ähnlichkeit miteinander. Sowohl die Tatas wie die Sassoons gründeten Banken und schoben Opium nach China. Beide erhielten auch die erbliche Würde eines englischen Baronets, jedoch das geschah erst zwei Menschenalter später und nicht wegen der Sassoonschen Baumwollplantagen oder wegen der Tataschen Erzgruben, vielmehr wegen des Opiums, das heißt auch nicht wegen des Opiums, vielmehr wegen des Geldes, das beide mit dem

Opium verdient hatten – wie ihr wißt, wird man nur für Verdienste geadelt.

Weder Gott Jehova noch Gott Feuer verschaffte den Herren Tata und Sassoon die unermeßlichen Reichtümer und den englischen Adelsbrief, sondern Gott Wirtschaft.

Eben hatte die Ostindische Kompanie ihr Monopol des Exports nach China an den Privathandel abgeben müssen, und die englischen Kaufleute verlangten nun, daß alle Tore zu dem ihnen zugesprochenen Markt gewaltsam und weit geöffnet würden. Englische Baumwoll- und Wollwaren und vor allem indisches Opium sollten dem reichen Reich der Mitte mit energischen Mitteln aufgezwungen werden.

„Bis 1830", charakterisiert Karl Marx die Situation beim Eintreffen von Tata und Sassoon, „bis zu welcher Zeit die Handelsbilanz für China ununterbrochen günstig war, gab es eine ständige Silberzufuhr aus Indien, England und den Vereinigten Staaten nach China. Seit 1833, namentlich seit 1840, nahm die Silberausfuhr aus China nach Indien einen das Reich des Himmels fast erschöpfenden Umfang an. Daher die strengen Erlasse des Kaisers gegen den Opiumhandel, die mit noch heftigerem Widerstand gegen seine Maßnahmen beantwortet wurden. Außer dieser unmittelbaren wirtschaftlichen Folge hat das mit dem Opiumschmuggel verbundene Bestechungswesen die chinesischen Staatsbeamten in den südlichen Provinzen völlig demoralisiert. Wie man im Kaiser gewöhnlich den Vater ganz Chinas sah, so betrachtete man seine Beamten als Väter der ihnen unterstellten Distrikte. Diese patriarchalische Autorität, das einzige moralische Band, das die ungeheure Staatsmaschine zusammenhielt, wurde durch die Korruption der Beamten, die durch die Unterstützung des Opiumschmuggels erhebliche Gewinne einheimsten, allmählich untergraben. Das geschah in der Hauptsache in denselben südlichen Provinzen, in denen die Rebellion einsetzte. Es erübrigt sich wohl zu bemerken, daß in demselben Maße, in dem das Opium die Herrschaft über die Chinesen erlangte, der Kaiser und sein Stab pedantischer Mandarine ihrer Herrschaft verlustig gingen. Es hat den Anschein, als mußte die Geschichte dieses ganze Volk erst betrunken machen, bevor sie es aus seinem traditionellen Stumpfsinn aufzurütteln begann."

Das Mittel, dessen sich die Geschichte bediente, um dieses ganze Volk betrunken zu machen, war das Opium, drei Sorten indischen Opiums: das kaffeebraune Patna, das hellere und teurere Malwa und das noch hellere und noch teurere Benares.

Und die Tat, mit der das endlich aus seinem traditionellen Stumpfsinn aufgerüttelte Volk sich aufzulehnen begann, war die Verbrennung von 20 291 Kisten indischen Opiums im Hafen von Kanton, 16. Juni 1836.

Noch heute behaupten die Engländer, diese Vernichtung sei – ähnlich der Versenkung von englischem Tee im Bostoner Hafen, die die amerikanische Revolution startete – ein Konkurrenzmanöver der chinesischen Mohnpflanzer gewesen, nichts weiter. Und die Chinesen behaupten noch heute, der Anbau von Opium in China sei damals minimal, die Verbrennung der Kisten nichts als eine Maßnahme gegen die Vergiftung des Volkes gewesen.

Vergiftung des Volkes? Soll man vielleicht ein einträgliches Geschäft aufgeben, weil es zur Vergiftung eines Volkes führt? Bedeutet etwa die Schädigung der englischen Handelsbilanz weniger als die Vergiftung von einigen Millionen Chinesen? Zuerst der Profit, dann die Humanität.

Karl Marx stellt fest, warum den Kolonialherren dieser Gifthandel aus zwei Gründen wichtig sein mußte. „Gleichzeitig ist im Hinblick auf Indien zu bemerken, daß die englische Regierung dieses Landes ein Siebentel ihrer Einkünfte aus dem Verkauf von Opium an Chinesen bezieht, während ein bedeutender Teil der indischen Nachfrage nach britischen Waren gerade von der Produktion dieses Opiums in Indien abhängt."

Unter solchen Umständen konnte sich England die Verbrennung des Opiums nicht gefallen lassen. England begann den Opiumkrieg, der mit der Niederwerfung Chinas, mit der Schaffung von Vertragshäfen, mit der ungehinderten Einfuhr von kaffeebraunem Patna, hellem Malwa und ganz hellem, ganz teurem Benares endete.

Elias David Sassoon, einer von den acht Söhnen des Firmengründers, kam 1850 nach Schanghai, um sich zu etablieren;

nicht er allein freilich, englische Firmen wie Jardine, Matheson & Co. und Amerikaner wie Russel & Co. hatten schon längst am Kai des neuen Vertragshafens ihre Hulks vertäut, in die das Opium von den Segelschiffen abgeladen und unter Zollverschluß gelagert wurde, bis es der chinesischen Zwischenhändler übernahm.

Die Importeure verdienten Multimillionen. So lange, bis eintraf, was Karl Marx in einem Artikel der „New-York Daily Tribune" vorausgesagt hatte: „Gewiß ist es richtig, daß ein Verzicht der Chinesen auf den Opiumgenuß nicht wahrscheinlicher ist als ein Verzicht der Deutschen auf Tabak. Da aber, wie verlautet, der neue Kaiser für die Mohnkultur und die Herstellung des Opiums in China selbst eintritt, ist es klar, daß der Herstellung des Opiums in Indien, den indischen Staatseinkünften und den kommerziellen Quellen Hindostans in nächster Zukunft ein tödlicher Schlag droht."

Als der tödliche Schlag gefallen, der indische Export der Konkurrenz des chinesischen Opiums fast erlegen war, wurde dem englischen Gewissen erlaubt, sich im Unterhaus zu regen. Im Vollzug dieser verspäteten, also rechtzeitigen Anwandlung trat die Schanghaier Opiumkonferenz unter dem Vorsitz von Sir Alexander Hosie zusammen und beschloß, die Einfuhr fremden Opiums jährlich um zwanzig Prozent zu drosseln, so daß sie nach fünf Jahren ganz eingestellt sein sollte.

Dieser Beschluß und die Tatsache, daß China in puncto Opiumherstellung Autarkie erlangt hatte, veranlaßte die Firma Sassoon, sich vom Opiumimport ab- und der Grundstücksspekulation zuzuwenden, die auch nicht von Pappe ist. Heute noch blüht dieses Sassoongeschäft, die Straßenbahnen und Omnibusse Schanghais, die Banken und Chinas wolkenkratzendster Wolkenkratzer, das Cathay-Hotel, gehören dazu, und dem Sohn Elias David Sassoons, Sir Victor, ward das größte Glück zuteil, das einem Juden in Ost und West zuteil werden kann: er heiratete eine leibhaftige Rothschild.

Und doch wird die Karriere der Familie Sassoon in den Schatten gestellt von der eines jungen Mannes ihrer Firma: Silos Aron Hardoon. Dieser junge Mann, 1931 hochbetagt gestorben, war als Bagdader Jude geboren, begraben aber ist er als chinesischer Buddhist, mitten im einstigen Vergnügungspark von Chang-Hsu-Ho.

1862 war Silos Aron Hardoon, wie viele seiner Bagdader Glaubensgenossen, wie Eli Cadoorie (heute auch schon Sir), wie Shahmoon (auch schon Filmmagnat), wie Edward Ezra (auch schon Hotelbesitzer), Angestellter der Firma Sassoon geworden. Fünf Jahre lang blieb er in Hongkong, dann kam er in die Zentrale nach Schanghai, und hier machte er sich als Opiumhändler und Grundstücksspekulant selbständig. Er kaufte die halbe Nanking Road, kaufte die Szechuen Road bis zum Soochowkanal, kaufte die halbe Bubbling Well Road mitsamt jenem Vergnügungspark, in dem er sich allein vergnügen wollte.

Im Jahre 1911, als im dreitausendjährigen Kaiserreich Revolution und Republik Platz gegriffen hatten, begann Hardoon mit ci-devants, mit Machthabern von gestern, zu spekulieren. Auf seinem ummauerten Besitz in der Bubbling Well Road nahm er den ehemaligen Vizekönig von Kanton, Chen Hsuan-luang, den Räubergeneral Chang-Shun von Nanking und andere Entthronte auf – die blutigen Begleiter der großen Tsu-Hsi auf ihrem Weg von einer kaiserlichen Konkubine zur Kaiserinwitwe (mit Überspringung der Etappe: Gattin) und zur sechzigjährigen Alleinherrschaft über das Reich der Mitte. Mit-Konkubinen, Mit-Witwen, Prinzen und kaiserliche Mündel hatten aus diesem Wege geräumt werden müssen, und Tsu-Hsi, genannt der Alte Buddha, hatte sich denen dankbar gezeigt, die die höfischen Mordgeschäfte besorgten. Aber bei Ausbruch der Revolution konnte keine Kaiserin mehr die verhaßten Höflinge schützen. Sie flüchteten vor dem Haß des Volkes auf das exterritoriale Terrain Hardoons.

Eine Zeitlang wurden allabendlich Bomben über Hardoons Gartenmauer geschleudert, Bomben, die Chang-Shun, Chen Hsuan-luang und den anderen Provinztyrannen galten. Den Hausherrn störte das keineswegs. Hardoon kümmerte sich nicht um die politische Beliebtheit oder Unbeliebtheit seiner Gäste, er hatte sie ja nicht aus Menschenfreundlichkeit aufgenommen, sondern in der Absicht, ihnen ihre Schlösser und Latifundien billig abzukaufen.

Die Wohltätigkeit, mit der er den Gott seiner Väter seinen Geschäften geneigt machen wollte, entfaltete er dementsprechend nur unter seinen Glaubensgenossen. Er erbaute die prunkvolle Ohel-Moses-Synagoge in Schanghai, adoptierte zwölf Kinder, fünf europäische und sieben chinesische, und ließ sie in jüdischem Glauben erziehen. Hardoon ging oft unerkannt aus, um sich die Objekte seiner Wohltätigkeit selbst auszusuchen, man nannte ihn deshalb den Kalifen Hardoon al Raschid.

Am 15. Juni 1931 starb er, und nun erfuhr man, daß er sich in den letzten Jahren seines Lebens vom Judentum abgewandt. Zwar bestattete ihn die israelitische Beerdigungsbrüderschaft, doch fiel auf, daß das Gartentor blau drapiert und mit den weißen chinesischen Zeichen der Trauer beschrieben war.

Zwanzig Tage später lud Frau Eliza, die Tochter eines Sampanschiffers, mit der Hardoon fünfzig Jahre lang gelebt hatte, öffentlich zu einer buddhistischen Totenfeier für Hardoon ein. Sechs hohe Bonzen rührten die Trommeln, bliesen die Pfeifen, schlugen den Gong und brachten Rauchopfer dar, und die gottesdienstlichen Geräte wurden aus einem Buddhatempel herbeigetragen, der im Garten der Villa stand und von dessen Existenz bisher niemand etwas gewußt hatte.

Mit Bestürzung vernahmen dieses die sephardischen und aschkenasischen Juden, und ihre Bestürzung steigerte sich zu Schmerz und Entsetzen, als das Testament bekannt wurde. Wehe, wehe! Der verblichene Glaubensgenosse hinterließ seiner Synagoge und seinen jüdischen Kindern und den wohltätigen Vereinen und den Schnorrern von Schanghai keinen roten Kupfer! Silos Aron Hardoon, der reichste Mann östlich von Suez, hatte ausdrücklich sein ganzes Vermögen, zweihundert Millionen Dollar in bar und den Grund und Boden von Schanghai, seiner Gattin vermacht.

Herr Trebitsch-Lincoln, der die Hochstapelei liebt, sich als Hochstapler auszugeben (er lebt jetzt das Leben eines buddhistischen Mönchs, indem er in der deutschen Pension Pasche wohnt und philippinische Revolutionäre gegen Bargeld an den Galgen liefert), verbreitete eilig das Gerücht, *er* habe Hardoon zu Buddha bekehrt. Doch ergab sich bald, daß Herr Trebitsch-

Lincoln mit Herrn Hardoon nicht mehr zu tun gehabt hat, als er mit Gautamo Buddha zu tun hat.

Keine Phantasie hingegen war Hardoons Testament, keine Phantasie war das Zeter und Mordio, das die übergangenen Verwandten anstimmten: Eliza sei gar nicht Hardoons Gattin ... sie habe nur mit ihm gelebt ... er sei als Bagdader Jude Untertan des Königs von Irak geblieben ... nach mesopotamischen Gesetzen habe er gar nicht das Recht, einer Frau, die nicht vom gleichen Stamm und vom gleichen Glauben ist, sein Vermögen zu vermachen ...

Ein armer Vetter des Toten namens Ezra Hardoon klagte auf Erbauflassung. Die berühmtesten Rechtsanwälte kamen aus London herbei, aber als sie die Akten Silos Aron Hardoons einsahen, erklärten sie, es sei nichts zu machen, der Jude sei als Buddhist gestorben und habe die Absicht kundgetan, sein Vermögen, das er von den Chinesen erworben, wieder den Chinesen zurückzuerstatten. Es wäre unfair, eine Sache zu vertreten, die so ausdrücklich dem Willen des Toten zuwiderlaufe.

Jawohl, einen so edlen Standpunkt vertraten die Rechtsanwälte und fügten nur ganz nebenbei hinzu, sie könnten den Prozeß auch deshalb nicht führen, weil Herr Ezra Hardoon nicht in der Lage sei, ihnen einen Vorschuß zu bezahlen.

EX ODIO FIDEI ...

In der Teinkirche liegt, das ist sicher, der Knabe Simon Abeles begraben. Tritt man vom Ring aus durch den Haupteingang ein, so findet man im rechten Schiff unterhalb des Chors die braune Grabplatte irgendeines Bürgers in die Erde eingelassen; unter ihr, behauptet der Kirchendiener steif und fest, sei auch der Kupfersarg des Simon Abeles. Nach alten Chroniken aber soll dieser in der Kreuzkapelle liegen, und zwar an der Epistelseite des Kreuzaltars, nicht weit von Tycho de Brahes Grab, unter der Marmortafel, auf der vierundzwanzig lateinische Zeilen eingemeißelt sind:

„Simon Abeles, ein zwölfjähriges Jüdlein, folgte Gott und flüchtete in das Kollegium Clementinum der Gesellschaft Jesu, der heiligen Taufe zuliebe, im September des Jahres 1693; nach wenigen Tagen aus der Gastfreundschaft verräterisch verschleppt, durch Schmeichelei, Drohungen, Mißhandlungen, Hunger und abscheuliche Haft zu Hause heimgesucht, erwies er sich stärker als dies alles und starb durch die Hand seines Vaters und dessen Freundes am 21. Februar 1694. Der heimlich beigesetzt gewesene Leichnam wurde am sechsten Tage exhumiert, behördlich untersucht und war bis zur Versiegelung des Sarges ohne jeden häßlichen Geruch, von natürlicher Farbe, gänzlich unerstarrt, angenehm anzusehen, und rosenfarbenes Blut entströmte ihm. Aus dem Altstädter Rathause wurde er mit wunderbarem Leichenprunk unter einzigartigem Zusammenlauf und gerührter Teilnahme des Volkes getragen und hier beigesetzt am letzten März 1694."

In der Sakristei der Teinkirche hängt ein Porträt, der Judenbub herzig idealisiert, rotes Wams, weiße Perücke, Galanteriedegen, Kruzifix in der Hand, und in einer Kartusche die Inschrift: „Hic gloriose sepultus est Simon Abeles Catechumenus, ex odio fidei Christianae a proprio parente Hebraeo occisus."

Die Beisetzung des Judenkindes in der Christenkirche geschah während eines Prozesses, der Erregung und Aufsehen hervorrief. Das Jahrhundert der dreißigjährigen Religionskriege sank seinem Ende zu. Die Enkel der Rebellen, der Fensterstürzer, der Hingerichteten, der Eingekerkerten und der Vertriebenen hatten den neuen Adel, die neue Beamtenschaft, die neue Lehre und sogar die neue Staatssprache anzuerkennen gelernt. Aber tief unter ihrem Bewußtsein fraß, vererbt als Komplex, das Gefühl, unterworfen worden zu sein. Hatte das alles sein müssen? Sehet her: die Juden, vielhundertjährig verfolgt – sie haben noch ihre Religion und ihre Gebräuche und ihre Sprache! Die Brüder vom Orden Jesu, als religiöse Besatzungstruppen des militärisch unterworfenen Landes hereingekommen, fühlten nur allzuwohl, daß sie erweisen müßten, Verkünder der alleinseligmachenden Kirche zu sein, für jeden, der anderen Glaubens sei, also nicht nur Feinde der Böhmischen Brüder und anderer Protestanten, sondern auch Feinde der Juden. Gustav Freytag hat über den Fall des Simon Abeles die kleine Schrift der Jesuitenpatres Eder und Christel gelesen, welche im Jahre 1694 unter dem Titel „Mannhafte Beständigkeit des zwölfjährigen Knaben..." erschienen ist, und auf Grund dieser charakterisiert er die große Affäre so: „Wer den Jesuitenbericht unbefangen beurteilt, wird einiges darin finden, was die Erzähler zu verschweigen wünschen. Und wer mit Abscheu auf die fanatischen Mörder sieht, der wird den fanatischen Priestern keine Teilnahme zuwenden. Sie werben durch Spione und Zuträger, durch Versprechungen, Drohungen, Aufregungen der Phantasie ihrem Gott, der dem Gott des Evangeliums sehr unähnlich ist, Scharen von Proselyten zum ‚Abwaschen'; sie benutzen einen jammervollen Mord mit der Geschicklichkeit erfahrener Regisseure, um ein wirkliches Trauerspiel in Szene zu setzen, und den toten Leib eines Judenknaben, um durch Pomp, Flitter und massenhafte Aufzüge, womöglich durch Wunder, ihren Glauben bei Christen und Juden zu empfehlen. Ihr Fanatismus, im Bunde mit der bürgerlichen Obrigkeit und willfährigem Gesetz, steht gegen den Fanatismus eines geschmähten, verfolgten, leidenschaftlichen Stammes – List und Gewalttat, Frevel und verkümmerte Sittlichkeit hier wie dort."

Ohne Zweifel wäre das Urteil des Kulturhistorikers noch vernichtender gegen die Jesuiten ausgefallen, wenn er außer dieser privaten Broschüre der zwei Ordensbrüder, die ihm an sich schon verdächtig vorkam, die offizielle Darstellung gelesen hätte, auf Befehl Kaiser Leopolds herausgegeben unter dem Titel „Processus Inquisitorius, welcher von dem Appellationstribunal wider beide Prager Juden Lazar Abeles und Löbl Kurtzhandl wegen des Ex odio Christianae Fidei ermordeten zwölfjährigen Simon Abeles, als Sohn des ersteren, verführet, und zur mehreren Erhöhung des christlichen Glaubens, auch zur fruchtbaren Auferbauung Jedesmänniglichen samt den dienenden Haupt-Inquisitionsakten und anderwärtigen dabei unterlaufenen sehr wunderseltsamen Begebenheiten in offenen Druck gestellt worden. Prag, bei Caspar Zacharias Wussin, Buchhändlern."

In dieser Flugschrift, sosehr sie sich bemüht, das Verfahren im Fall Simon Abeles als ein gerechtes und die Justifikation als verdiente hinzustellen, wäre Freytag nicht nur auf manches gestoßen, „was die Erzähler zu verschweigen wünschen", sondern er hätte auch auf die Vermutung kommen müssen, daß die „fanatischen Mörder" vielleicht überhaupt keine Mörder, sondern im Gegenteil Opfer eines grauenvollen Justizmordes waren – ex odio fidei, aus Glaubenshaß.

So viele Darstellungen dieser Angelegenheit es auch gab – nicht eine durfte sich mit der Verteidigung der Beschuldigten befassen, denen ja nicht einmal ein Rechtsbeistand bewilligt worden war. Hundert Jahre später, im Fall des Toulouser Hugenotten, wurde wie im Fall des Prager Juden weder die Absicht des Sohnes zum Religionswechsel noch der durchgeführte Mord erwiesen, und hier wie dort fielen die Väter als Opfer von Pfaff und Pöbel. Aber während Jean Calas durch das flammende Libell Voltaires postmortal seinen Freispruch fand, haben Lazar Abeles und sein Freund niemanden gefunden, der ihre Verteidigung übernommen. Nur die Anklageschrift sagt in dem, was sie verschweigt, und in dem, was sie angibt – sehr wider ihren Willen –, genug zugunsten der beiden aus.

Der „Processus Inquisitorius" beginnt mit dem Satz: „Im Jahre 1694 den 25. Februarii wurde bey einer Hochlöblichen

Königl. Statthalterei zu Prag ... eine Schriftliche Denunciation eines in der Prager Juden-Statt an einem Jüdischen Kinde beschehenen Mordes ohne Namensunterschrift eingereicht, dess ausführlichen Inhalts wie folgt."

Daß diese Anzeige von den Jesuiten herrührt, geht auf den ersten Blick hervor und wird in jeder Zeile bestätigt; es heißt zum Beispiel darin, daß der Knabe seine Bereitwilligkeit zur Taufe im September des Vorjahres „bey dem Wohl-Ehrwürdigen P. Andrea Müntzer, Sc. Jesu Collegii, allhier zu Prag bey S. Clemens Rectore derenthalben angegeben und in Gegenwart noch etlicher andern Patrum, als P. Guilielmi Dworski, P. Johannis Eder und Patris Johannes Capeta eyferigst gebeten habe..." – durchwegs Tatsachen und Namen, die man ja nur im Kollegium wissen konnte.

Tatsächlich rühmt sich auch P. Johann Eder in seiner Broschüre, er selbst habe einen Konzipisten der Statthalterei, der von einem Juden namens Josel (das ist Josef) Mitteilung von diesem Vorfall erhielt, zur Überreichung der Anzeige veranlaßt: „Nachdem ich Nachricht davon erhalten und der jüdische Angeber mehrmals mit Ernst zu treuem Bericht ermahnt worden war, schrieb er am folgenden Tag den ganzen kläglichen Verlauf nieder, um ihn der hochadligen Statthalterei zu überreichen." Dieser Satz ist – von dem jesuitisch angewendeten Pronomen „er" ganz abgesehen – vollkommen erlogen, denn „obwohlen man Ihme" (dem Herrn Statthaltereyconcipisten Herrn Constantin Frenkin, den man als Verfasser der schriftlichen Anzeige eruiert hat) „zugleich scharf eingebunden, diesen seinen ersten Jüdischen Anbringer namens Josel zur Stelle zu bringen, so hat er doch solchen zur selbigen Zeit nicht erfragen können". Die Anzeige des Beamten hütet sich jedoch, eine solche nachdrückliche Befragung oder Ermahnung des angeblichen Gewährsmannes zu behaupten, weil dann erklärt werden müßte, warum er bei einer derart gründlichen Verhandlung den Informator nicht zuerst nach seinem Familiennamen befragt habe.

Am nächsten Tag werden bereits die Exhumierung, Transportierung der Leiche ins Rathaus, eine Menge von Verhaftungen (Krankenwärter Hirschl Keffelet, Friedhofsaufseher Jenuchem Kuranda, zwei Dienstmägde) und Recherchen vorgenommen. Gerüchte durchzüngeln die Stadt, die bald in hellen Flammen der Erregung steht. Die Statthalterei muß in dem Dekret, mit dem sie die Untersuchung dem Appellationsgericht überträgt, dieses gleichsam bitten, man möge ihr „von demjenigen, was etwa in hoc passu nach und nach hervorkommen und in das Publikum einfallen möchte, gleichwolen auch Nachricht geben, damit hiernach respectu erstgedachten Publici jedesmal die gehörige Notdurft zeitlich fürgekehrt werden möchte". Unter dem Einfluß der vom Eifer der Behörden aufgepeitschten Öffentlichkeit steht nun die ganze Angelegenheit.

In der Anzeige, auf Grund deren die Untersuchung eingeleitet wurde, war nur eines apodiktisch angegeben: daß das Kind vergiftet worden sei, „... mit Gift im Wein unerbärmlich hingerichtet". Während der Examinationen, von deren Foltern wir zwischen den Zeilen lesen können, gesteht also endlich Hennele, die auf dem Kleinseitner Rathaus in Haft gehaltene Köchin des Abeles, daß der kleine Simon durch Gift umgekommen sei. Bisher hatte sie, in Übereinstimmung mit dem Vater und der Stiefmutter des toten Kindes, erklärt, es sei an den Fraisen gestorben, nunmehr aber gibt sie die Antwort: „Ich will die Wahrheit sagen: der Vater hat ihm etwas zu essen gegeben; so ist er darniedergefallen." Und auf die Frage, was dies gewesen sei, fügt sie hinzu: „Er hat ihm einen Hering gegeben."

Also ein Geständnis der Mitwisserschaft, strikte Angabe des Giftmords durch eine Augenzeugin! Nur hat sich inzwischen herausgestellt, daß in der Leiche von Gift keine Spur ist. Der Grund zur Einleitung der Untersuchung ist also ebenso falsch gewesen wie die der Köchin abgepreßte Aussage.

Dennoch wagen es die beiden obduzierenden Doctores medicinae und die beiden Chirurgen nicht, angesichts des von Amts wegen inaugurierten Verfahrens und der bereits entfesselten Empörung, einen natürlichen Tod festzustellen; in dem kurzen Exhumierungsprotokoll, das in seiner Leichtfertigkeit der Tatsache hohnspricht, daß achtzig Jahre vorher ein Anatom vom Range des Jessenius in Prag gewirkt hatte, konstatiert man „über den linken Schlaff eine frische runde Wunde von eines Groschens Größe, von einem Schlag herkommend" (tödlich? tief? Hautabschürfung? — nichts wird darüber gesagt), „und ein Bruch der vertebra colli". Das wären also zumindest zwei Schläge, jedoch das lakonische Protokoll schließt mit den Worten, der Junge hat „von einem gewalttätigen Schlag umkommen müssen".

Das Appellationstribunal läßt sich dadurch, daß der angezeigte und bereits „bewiesene" Giftmord keineswegs verübt worden ist, nicht stören und entschuldigt den Irrtum folgendermaßen: „... denn es konnte wegen des Gifts und der heimlichen Begräbnus" (auch die Behauptung, der Knabe sei nächtlich verscharrt worden, hat sich nämlich als falsch herausgestellt, die Beerdigung hatte öffentlich stattgefunden) „ohnmöglich so genau und wahrhaft gleich in limine von einem Fremden, und zwar in dem Abelischen Hause nicht sonderlich bekannten Juden ausgesagt werden".

Demnach sind die Mitteilungen des „Josel" deshalb unrichtig, weil er im Hause des geheimen Mordes nicht sonderlich bekannt war, aber diese Angaben haben nichts mit der angeblichen Angabe zu tun, die Angabe des Angebers gilt doch — der Mord muß verübt worden sein! Das Gutachten der medizinischen Fakultät, „mit nachdrücklicher Verordnung" abverlangt, entscheidet, man müsse auf gewalttätigen Tod des Knaben ermessen und schließen. Die Judenschaft richtet an die Untersuchungsbehörde die Frage, ob die Leiche nicht bei der Ausgrabung beschädigt worden sein könne; diese Anfrage, die zur Einholung des Fakultätsgutachtens Anlaß gab, bleibt unbeantwortet.

Tragikomisch, wie sich nun das Tribunal bemüht, die Widersprüche der Beweisführung (zum Beispiel Giftmord — Totschlag) zu erklären, während es die Tatsache, daß die Aussagen der Beschuldigten und der Entlastungszeugen übereinstimmen, als vorher getroffene Vereinbarung zu entwerten versucht. Alle Festgenommenen geben unabhängig voneinander an, die Schläfenwunde sei der Rest einer abgeschabten Krätze, „welches also vorzusagen, sogar ein kleiner mitvorgerufener Bub von acht Jahren, der nebst ihnen noch im Hause war, angelernt und instruiert war". Also hatte Lazar Abeles für den Fall der Exhumierung nicht nur Frau und Magd (die jetzt in Haft sind), sondern auch ein kleines Nachbarkind instruiert, obwohl er doch dessen Vorladung nie ahnen konnte!

Die Beschuldigten stellen in Abrede, daß der kleine Simele jemals entlaufen sei, um sich taufen zu lassen. Hier wären die Jesuitenpatres, von denen ja offenkundig die erste Anzeige stammte und die nachher behaupteten, sie hätten mit dem Kinde geradezu eine Disputation geführt, als Zeugen einzuvernehmen. Dies geschieht nicht. Übrigens liegt die angebliche Flucht des Kindes vier Monate zurück und kann daher nicht der Anlaß eines Totschlags sein. Wollte man schon Flucht und Mord als erwiesen und als in gegenseitiger Beziehung zueinanderstehend annehmen, so wäre weit eher die Erklärung möglich, das Kind habe wegen Mißhandlungen eines entmenschten Vaters diesem damals zu entfliehen versucht und sei der späteren Fortsetzung dieser Mißhandlungen erlegen; doch ist auch hierfür kein Anhaltspunkt in den Akten des Processus Inquisitorius.

Das Kind soll von den Jesuiten einem getauften Juden namens Kafka in Logis gegeben worden sein, von dem es Lazar Abeles zurückholte. Dieser Kafka ist abgängig, und die Rolle, die ihm in absentia zugeteilt wird, vollkommen unklar; einmal heißt es, daß ihm das Kind geraubt wurde, ein andermal, daß er im Einvernehmen mit Lazar Abeles gestanden.

Dagegen taucht eine andere Zeugin auf, ein getauftes jüdisches Kind: die kleine Sara Uresin, die in diesem Fall die Sendung Semaels übernommen hat, ist ein dreizehnjähriges, körperlich verkrüppeltes und – wie selbst die Anklage nicht verschleiern kann – sittlich verkommenes Geschöpf, das die Jesuiten, wäre es entlastend aufgetreten, nicht zärtlich als „Mägdlein", sondern als „freches Judengör" bezeichnet hätten. Sie erscheint „wie gerufen". Man höre:

„Und da nun ein Hochlöbl. Appellations-Collegium in reifer Erwägung alles dessen, vielmehr dahin angezielt, man möchte sich äußerst bemühen, einige, bevoraus jüdische, Zeugen noch aufzubringen, durch welche eine Confrontation in contradictorio veranlaßt werden konnte (weilen man zum öfteren in denen Jüdischen Inquisitionen wahrgenommen, daß bei ihnen weit mehrers eine Confrontation, da der eine Jud dem andern was ins Gesicht gesagt, als die Tortur selbsten zur Bekanntung der Wahrheit ausgegeben und gewürcket hat), so erscheint auf eine ganz unverhoffte Weis ein gewisses Jüdisches Mägdlein Namens Sara Uresin, gegen dreizehn Jahr alt, welches in wirklicher Christlichen Lehr bey einer Christin sich aufgehalten und von dieser Inquisition etwan von weitem gehört, von sich selbsten und von freien Stücken..."

Und diese so prompte Wunscherfüllung namens Sara Uresin (P. Eder erklärt ihr Erscheinen auf übersinnliche Weise) sagt beim Königlichen Obergericht, zu dem sie den Weg allein gefunden haben soll, all das aus, was die Untersuchungsrichter beim gegenwärtigen Stand der Untersuchung gerade wissen wollen: daß sie im Vorjahr im selben Haus gedient (!) habe, gerade als Simon weggelaufen sei, um sich taufen zu lassen, daß dessen Vater gesagt habe, es sei besser, wenn der Bub verrekken würde, ihn dann mit einem Scheit Holz blutig geschlagen habe. Das Mädchen wird mit Lazar Abeles konfrontiert. „Gott soll mich strafen, wenn ich dieses Kind jemals gesehen habe", ruft er aus. Trotzdem hat ihm doch eben dieses Mägdlein „ganz standhaft, herzhaft und bar aller Scheu oder Schrecken" alles ins Gesicht wiederholt.

Nach dieser ergebnislosen Konfrontation wird Lazar Abeles „in seine vorige, hart an der Uhr des Rathauses in dem Turm bestellte Custodiam, jedoch mit beiden Füßen und eine Hand wohl verwahret, geführt".

Wenige Stunden nachher wird er erdrosselt aufgefunden.

Die Justiz kam nicht umhin, über diese Tat, die als Selbstmord bezeichnet wird, ihre Verwunderung zu äußern. Denn erstens hat ja das Judenmägdlein „doch nichts als einige Praeliminaria wegen des Christ-Catholischen Eyfers des Knabens ihme ins Gesicht zu sagen gewußt", und zweitens ist der Selbstmord für einen dermaßen gefesselten, dermaßen bewachten Häftling etwas kompliziert: Er hat „sein harrassenes Band, mit welchem die Juden sich zu umgürten pflegen, vom Leib abgenommen, solches an ein doppeltes eisernes Gatter in der Höhe, wozu er vermittelst eines Stücklein Holzes gelanget, angebunden und sodann, seinen Hals darin steckend, sich selbsten erhenket oder vielmehr erdrosselt".

Es scheint, sagt die Denkschrift, durch diese belanglosen Vorhaltungen des Mädchens Uresin "sein leichtfertiges, verrohtes Herz und Gewissen dergestalten gerührt worden zu sein", daß er sich umbrachte.

Trotzdem also eine tätige Reue behauptet wird, kann dies die Leiche nicht vor Verurteilung schützen. Der Tote wird rechtskräftig schuldig gesprochen und das Urteil vollstreckt, das Herz wird ihm herausgerissen und um das Maul geschlagen, sodann der Leichnam gevierteilt und auf dem Scheiterhaufen verbrannt.

Seiner Frau und der Köchin Hennele sagt man nichts von dem Tod des Hauptbeschuldigten. Unter Drohungen und der Vorspiegelung, Lazar Abeles habe alles eingestanden, bleiben sie bei der Beteuerung seiner Unschuld. Das Mägdlein, "in privato auf Jüdisch gekleidet", wird mit der Köchin konfrontiert, die nun zu allem, was das Kind angibt, ihr Ja sagt und schließlich hinzufügen muß, der Vater habe den Knaben umgebracht. Durch Gift. Es folgt die Konfrontation der Köchin mit Frau Lea Abeles, die in der vorhergegangenen Nacht von Herzkrämpfen heimgesucht wurde. Auch sie sieht, da schon die Köchin wider besseres Wissen zur Belastungszeugin gepreßt wurde, daß alles verloren ist. Um ihren Mann zu retten, von dessen Tod sie keine Ahnung hat, gibt sie an, ein Bekannter, der nicht mehr in Prag weilt, ein gewisser Löbl Kurtzhandl, habe das Kind – erwürgt.

Kurtzhandl wird in Manetin verhaftet, und die Untersuchung gegen ihn nimmt ihren Lauf. Der Knabe Simon aber wird als ein "in proprio sanguine" getaufter Christ mit beispiellosem Pomp öffentlich beerdigt, wie es der Erzbischof Hans Friedrich von Waldstein nach eingeholtem Rat der Theologen und Kanonici beschlossen hat. Am 25. März 1694, "in ipso festo Simonis Tridentini pueri, aeque a Judaeis martyrisati", bestimmt eine Kommission, wo das Kind beigesetzt werden soll.

Eine Woche später findet das Begräbnis statt; die Leiche, die am 22. Februar auf dem jüdischen Friedhof begraben, fünf Tage darauf exhumiert worden und einen Monat lang im Rathaus aufgebahrt gewesen ist, wird offiziell als ohne den geringsten üblen Geruch befunden. Auch die zweite Seligkeitsprobe stimmt auffallend: „... wie nicht minder die an dem zerbrochenen Genack empfangenen Todeswunden stets und allezeit ohne Unterlaß das frischeste und schönste Blut gleich als eine Brunnenquelle ausgeworfen hatten, bei welcher Gelegenheit sich viel aus den Anwesenden um ihre Schnupftüchlein in diesem rinnenden Blut zu netzen versucht" (versucht!) „haben, welchem Exempel auch sogar ein Wundarzt der Evangelischen Religion nachgefolget!"

Löbl Kurtzhandl, gegen den sich in den Akten auch nicht der Schatten eines Verdachts finden läßt, wird am 19. April 1694 zum Tode verurteilt. Wie er behandelt wurde, geht aus einem Erlaß Kaiser Leopolds I. an das Königliche Appellationstribunal hervor: „Der Inschluß" (eine Beschwerde) „gibt euch des mehrern zu vernehmen, daß der von euch zum Tode verurteilte Löbl Süsel Kurtzhandl, Prager Jude, weder selbst, noch seine Befreundte, von dem wider ihn publizierten Sentenz irgendeine Abschrift und auch keinen Rechtsfreund ex officio erhalten können." Der Kaiser befiehlt, der rechtlichen Ordnung nach zu verfahren, die Exekution vorläufig zu sistieren und dafür zu sorgen, daß „dem Condemnierten selbsten in carceribus das Leben nicht abgekürzt werden möge, wie es dem Verlaut nach mit seinem Complicen geschehen sein solle".

Das Appellationstribunal antwortet Sr. Majestät, der Verurteilte wolle nur verschleppen, worauf Leopoldus „in dieser sehr ärgerlichen Criminalsache" dem Kurtzhandl nur eine vierzehntägige Rekursfrist gewährt, schließlich das Halsurteil bestätigt, „weilen an schleuniger Bevollziehung dessen dem Publico so viel gelegen, ohne allen Anstand und Erstattung weiteren Rekurses an ihm exequieren lasset".

Entkleidet, in die dreischneidigen, den Gliedern unterlegten Brecheisen gebunden, steht er auf dem Galgenberg, damit ihm durch „etlich und dreißig Stöße" von dem achtzig Pfund schweren Rad Ober- und Unterschenkel abgestoßen und der Brustkorb mit Eisenschienen eingedrückt werde. Ein Pater schreit dem Malefikanten ununterbrochen zu, er möge den christlichen Glauben annehmen; nach dem elften Stoß soll Kurtzhandl geantwortet haben, daß er hierzu bereit sei; nun wird er getauft und nimmt den Namen „Johannes" an, worauf ihm die Henker die Augen verbinden und er „den letzttödlichen Stoß auf den Hals empfängt und, durch diesen von den Sinnen verlassen, unter starkem, aus Mund und Nase entsprungenem Blut nach zweyen anderen Stößen selig in dem HERRN entschlafen ist, mit billiger Verwunderung aller Beywesenden, welche die wunderwirkende Hand Gottes und dessen unergründliche Barmherzigkeit nicht genugsam loben und preisen kunnten".

In der St.-Pauls-Kirche wird der vormalige „verstockte Mörder" Löbl Kurtzhandl als ein „bußfertiger katholischer Christ" namens Johannes beerdigt.

DIE MESSE DES JACK OPLATKA

Wenngleich kein sonderlich originelles, wenngleich ein billiges, so ist es doch ein Gleichnis, das vom ausgelaufenen Ei.

Sonst verwendet Jack Oplatka keinerlei solche Vergleiche. Sonst erzählt er (gern und) sachlich, vielfach von technischen Termini und amerikanischen Interjektionen unterspickt, von seinen Konflikten und Berufen, absolut wahr, jedoch höchst unglaubwürdig. Sich dieser Unwahrscheinlichkeit bewußt, müht er sich, eben durch Sachlichkeit, Sachkenntnis, Termini und Genauigkeit alles zu beweisen.

Aber: „Das Auge – es ist auf dem Boden gelegen, wie wenn ein faules Ei ausgeronnen wär." Mit diesem Vergleich weicht er immer der Antwort aus, wenn man ihn fragt, wieso seine rechte Augenhöhle leer ist. Seit wann? „Bei einer Keile..." Ja, aber wo ist diese Keilerei gewesen? „Das war über dem großen Jam."

Er war nämlich in Amerika, wie wir uns schon aus der Durchsetzung seiner Berichte mit amerikanischen Brocken denken können, und er ist stolz darauf. Über den großen Jam ist er bereits als ganz kleiner Junge durchgebrannt; nach einem Überfall auf seinen Lehrer. Bald ist er wieder zurückgekommen. (Ist er doch jetzt erst neunzehn Jahre alt.) Seither läßt er sich „Jack" nennen (vormals hieß er „Kobi"), trägt Watte in den Rockschultern, Scheitel in Haarmitte, Nacken rasiert, Hosen breit und aufgekrempelt, keine Hosenträger, keinen Stock. Spricht oft von drüben, aber nichts davon, warum und wo es war, daß einmal sein rechtes Auge auf amerikanischem Boden lag, wie wenn ein faules Ei ausgeronnen wäre.

Zu wetten ist, daß es bei einer Keile mit einem „Orl" war, wie das jüdische Jargonwort für einen Christen lautet. Oh, nicht etwa, daß er ein Christenhasser wäre! Im Gegenteil. Er ist aus religiösem Ghettohaus, und scheu respektiert er die Frömmigkeit Andersgläubiger. Er achtet die „Frömmigkeit an sich", ist – vorausgesetzt, daß diese Worte existieren –

panreligiös, allfromm. Seine Plattenkollegen sind fast ausnahmslos Arier, die nehmen ihn für voll, und sicherlich ist er stolz darauf, daß er nicht wie ein Jude aussieht, obschon er darauf stolz ist, daß er ein Jude ist. Sich immer – natürlich bloß außerdienstlich, man wird es sehen – nachdrücklich dagegen wehrt, wenn man ihn für einen Orl hält. Und wie nachdrücklich!

Gegen die Christen hat er nur eines einzuwenden: sie halten die Juden für Feiglinge.

Diesem Irrglauben entgegenzutreten, sie von diesem Wahn zu bekehren – das hält Jack Oplatka für seine Sendung. Fällt je in seiner Hörweite eine gegen Juden gerichtete Äußerung, läßt sich je in seiner Sehweite eine Gebärde antisemitisch deuten, so ist ihm das gegrüßter Anlaß zu Rache und Radau, zu gewalttätigstem, rohestem Dementi jener Ansicht von der Feigheit aller Juden. (Ob er sich nun wirklich deshalb zu seiner Propaganda der Tat, seiner handgreiflichen Aufklärungsmission entschlossen hat und so, aus der Theorie heraus, gewollt zum Gewalttäter wurde, oder ob sie einem rassengemäßen Ressentiment oder gar einfacher Rauflust entstammt und die ethische Rechtfertigung erst aposteriorisch zurechtgelegt ward – dieses werden früher oder später die Gerichtspsychiater entscheiden.)

Übrigens wartet er keineswegs immer auf einen Anlaß zu solchem Dementi der Tat. Plötzlich steht er zum Beispiel im Kaffeehaus auf. Geht auf einen gesichtsroten Feldwebel zu, der friedlich seine Hand im Schoße (seiner Begleiterin) ruhen läßt. Geht auf ihn zu, und mit der Frage „Wer ist ein beschissener Jud?" versetzt er dem Ahnungslosen einen Schlag ins Gesicht und das Lokal in Aufregung.

Gegenhieb. Prügelei. Parteienspaltung. Sausen von Biergläsern. Zersplitternde Kaffeetassen. Kellnerinnen kreischen. Entsetztes Niederhalten eines gar nicht so ernst gemeinten Säbels durch viele Hände. Ein bisserl Blut. Hinauswürfe. Arretierungen; zumindest Arretierung Jack Oplatkas.

Man fragt ihn (man fragt ihn nicht): „Warum hast du die Rauferei angefangen, der Feldwebel hat doch keinen Ton gesprochen?"

„That's right. Aber der Orl soll nicht meinen, ein Jud fürchtet sich."

Wie gesagt: sonst hat er nichts gegen Christen und Christentum. Ist sogar, im Gegenteil, dessen treuester Diener. Was Leute aus bürgerlicher Welt schwer zu begreifen vermögen. Herr Süß ist so einer. Der dicke Herr Süß kam zufällig einmal ins Café Savoy in Begleitung des Journalisten K., eines Freundes von Jack Oplatka.

Jack zum Journalisten: „Gut, daß du kommst. I have something for you. Du mußt einen Artikel hineingeben in die Zeitung, was das für eine Wirtschaft ist in den Prager Tumes..."

Herr Süß, aufhorchend, einen Artikel an seiner Quelle zu vernehmen, aufhorchend, daß ihm kein Wort des berühmten Jack Oplatka verlorengehe oder unverständlich bleibe, unterbricht: „Verzeihen Sie, Herr Oplatka, was sind Tumes?"

Eine leere Augenhöhle richtet sich, unwillig ob solcher Unbildung, dem fremden Frager entgegen. Doch wird der belehrt, daß „Tume" der Ausdruck jüdischen Jargons für „Kirche" ist.

„Was ist denn los in den Prager Tumes, Jack?"

„Also, das ist so: You know, ich arbeite schon acht Monate bei Janku..."

„Beim Pater Janku, ja?"

„All right, bei Sankt Heinrich. Schon seit Trinitas. Vorher war ich doch Pompesfunebre, und einmal hat ein Ministrant gerade vor der Missa pro defunctis in der Sakristei die hinfallende Krankheit bekommen, so hab *ich* mir das Hemd angezogen und hab ihn vertreten. Seit Sonntag Trinitas bin ich dort der ständige Ministrant. Trotzdem der Janku die Heinrichsschule hat, mit Schuljungen genug, die umsonst ministrieren möchten, bloß aus Kowed."

„Warum verwendet er also die Buben nicht?"

„Früher hat er's ja gemacht. Aber ich bitte dich: nimmt er Musterknaben, solche blasse Bürscherl, dann werden sie nach ein paar Tagen krank, wenn sie jeden Morgen um sechs Uhr in der Kirche sein müssen. Oder sie schlafen nachher in der Schule ein. Ist das ein Wunder? Always aufpassen auf das Stichwort, das ganze Siderl lateinisch aus dem Kopf hersagen, immerfort steif herumlaufen, das schwere Meßbuch auf dem linken Arm oder mit dem Meßpult oder mit der Kanne oder mit dem Räucherfaß von der Epistelseite zur Evangeliumseite, sieben Meter breit ist das Altarschiff von Sankt Heinrich und hat sechs Stufen, immerfort hinauf- und herunterrennen mit lauter Machlojkes! ... Das ist keine Kleinigkeit for such a child. Läßt er aber kräftige Jungen ministrieren, dann treiben sie in der Sakristei lauter Lausbübereien – hat denn so ein junger Orl eine Ahnung davon, was ein heiliger Ort ist, ein Sanctuarium?"

„Du möchtest also, daß ich einen Artikel gegen die Verwendung von Kindern zu Ministrantendiensten schreiben soll?"

„O no, my boy, das ist mir ganz egal. Trotzdem man das gewiß verbieten sollte. Aber für mich ist das keine Konkurrenz. Janku weiß, daß er sich auf mich verlassen kann. An Wochentagen bei der stillen Messe ministrier ich ganz allein, am Sonntag bin ich der Oberministrant und trag dem Geistlichen den Weihkessel nach und das Aspergill..."

„Pardon, Herr Oplatka, was ist ein Aspergill?"

Das rechte Auge Jacks höhlt sich geschmeichelt-mißtrauisch-bedrohlich dem zwischenfragenden Herrn Süß entgegen. „Son of a bitch! Lange werden Sie mich nicht häkeln. Zuerst verstehen Sie nicht jüdisch, dann verstehen Sie nicht katholisch ... Was verstehen Sie eigentlich?"

Aber dann – stolz auf Amt und Wissen – gibt er doch die Erklärung: „Das Aspergill ist ein Lulew, verstehen Sie? Ein Weihwedel!! – ... Also, das Aspergill trag ich, und ich zünde beim Sanctus die Sanctuskerze an; wenn eine Missa solemnis bei ausgesetztem Allerheiligsten ist, bin ich unter den vier Ministranten der Obermacher, der Räucherfaßträger; und bei einem Begräbnis oder einer Prozession, wenn die andern weiße Rochetten ohne Ärmel anhaben und die Kerzen tragen, hab ich eine Dalmatika an und gehe mit dem Kreuz dem ganzen Leichenzug voran ... Ich bin eigentlich gar kein Ministrant mehr, ich bin schon eine Art Schlattenschammes, der zweite Mesner."

„Also was hast du eigentlich gegen die Tumes? Was für einen Artikel soll ich denn in die Zeitung geben?"

„Ja, richtig! Also gestern sagt der Veverka, der Küster von

Sankt Heinrich, zu mir, ob ich hinausgehen will in die Scharka, in der Andreaskapelle die Messe zu ministrieren, er werde sich in der Heinrichskirche für diesmal mit den zwei Buben behelfen. Warum? frag ich. Da erzählt mir der Veverka a long story, es ist ein Kaplan dagewesen, der gehört zum Strahower Stift, aber Sonntag liest er bei Sankt Andreas das Hochamt, und er hat geklagt, es war bis jetzt ein Ministrant dort, ein armer Blödsinniger, der hat dreißig Jahre draußen ministriert, aber in dieser Woche ist er gestorben, und es ist Unordnung dort, weil die Kapelle keinen Mesner hat, und der Kaplan hat verlangt, der Veverka möcht hinauskommen, die Sachen ein bisserl herzurichten. Der Veverka hat aber doch keine Zeit, Landpartien zu machen, und da hat er dem Kaplan versprochen, er wird mich schicken. Ob ich hinausgehen möcht? Gut, sag ich, ich geh hinaus. ‚Sie werden ja verschlafen, Oplatka: Um halb neun ist die Messe, um acht müßten Sie dort sein, und Sie haben fast eine Stunde zu gehen.' – Machen Sie sich keine Sorgen! sag ich, ich sitz bis sieben Uhr früh im Café Kagoj, dann geh ich hinaus. Verschlafen könnt ich nur eine Nachmittagsmesse."

„Und heute früh warst du draußen?"

„Ja. Halewaj ich wär nicht hinausgegangen! Wir haben heute nacht Kotesek gespielt, Gottes Segen bei Kohn, und um sieben Uhr war ich gerade im schönsten Verlieren. Was nutzt das, sag ich mir, Gottesdienst ist Gottesdienst, bin aufgestanden, hab mein Geld im Schüsserl gelassen und bin hinausgegangen in die Scharka, im ärgsten Kot. Wie ich hineinkomm in die Sakristei, hab ich schon gesehn! Das war eine Wirtschaft, das kannst du dir gar nicht vorstellen! Fingerdick ist der Staub überall gelegen. Die Meßgewänder: mindestens seit zwei Jahren nicht gewaschen, die Volants abgetrennt, ich hab sie anspendeln müssen, weil ich Angst gehabt hab, sie fallen während der Messe hinunter. Die Stola war direkt zerfranst, mein Ehrenwort! Das Birretum war auf der einen Seite eingetepscht. Die Lavabotücheln waren ungewaschen zusammengefaltet. Die Patena war nicht einmal zugedeckt, und die Reserveoblaten für die allgemeine Kommunion waren ganz staubig. Das ist doch die höchste Hygiene! Ich hab die Hände über dem Kopf zusammengeschlagen. Hochwürden, hab ich gesagt, das soll ein Gotteshaus sein? Das sieht aus, mit Vergeben, wie ein..."

„Und der Kaplan?"

„What could he do? Geschämt hat er sich vor mir. Hat mir beweisen wollen, er hat den meschuggenen Ministranten nur aus Mitleid nicht hinausgeworfen. Und hat mir lange Geschichten erzählt, daß der auch beim Hochamt alles verdreht hat: Beim letzten Evangelium, wo man das kleine Kreuz schlagen soll, hat er das große Kreuz gemacht, und wenn er am Altar vorbeigekommen ist, wo das Allerheiligste im Tabernakel drinnen ist, hat er die Kniebeuge mit beiden Knien gemacht statt mit einem Knie, aber grad ausgerechnet beim ‚Domine non sum dignus' hat er bloß die mittlere Reverenz gemacht statt der tiefen. Konstant hat er das Meßbuch so gelegt, daß der Rücken gegen die Altarmitte gekehrt war statt der Schnitt. Beim zweiten ‚Kyrie eleison' soll er antworten: ‚Christe eleison' – natürlich hat er *auch* gesagt: ‚Kyrie eleison!' Beim Levate ist er niedergekniet, beim Flectamus genua ist er aufgestanden! Ausgerechnet wenn er die Klingel getragen hat, ist er gestolpert, und..."

„Na gut, und was war mit dir?"

„Ich hab also ministriert. Es waren genug Leute da. Auch die Wirtin von der ‚Schmukyrka'. Die ist gleich in der ersten Bank gesessen. Sie kennt mich noch aus der Zeit, wie ich mit der Peptscha das Verhältnis gehabt habe – damals war ich oft in der ‚Schmukyrka' tanzen. My word of honour, ich hab mich vor ihr geniert, mit solchen Meßgeräten zu ministrieren! Sogar die Monstranz war angelaufen, und zwischen den Strahlen hat der Staub gesteckt. No, und wie ‚Ite missa est' war, bin ich in die Sakristei gegangen und hab die Sachen in Ordnung gebracht. Eine Dose mit Amor hab ich gefunden, aber was nützt mir die Putzpasta, wenn kein Lederlappen da ist? Da bin ich auf eine Idee gekommen – gebenscht sei mein jüdisch Köpferl! –, ich hab ein zerrissenes Zingulum zerschnitten, ein altes wollenes Zingulum, und damit das Räucherfaß blankgescheuert, das Insensorium, und den Deckel vom Missale und die Trinkgefäße. Zum Kaplan sag ich dann, die Monstranz muß unbedingt auch einmal ordentlich gereinigt werden, ich werde das gleich machen."

„Und das hat er zugelassen?"

„Belehren hat er mich wollen! Daß das Venerabile nur von einem gereinigt werden darf, der die höheren Weihen hat. Darauf hab ich ihm geantwortet: Wegen einem bisserl Staub soll ich mich vielleicht ins Fürsterzbischöfliche Seminar einschreiben lassen?! Da hat er gelacht, und ich hab die Monstranz geputzt, daß sie wieder etwas gleichsieht; at the end hat er auch ein wenig am Ciborium herumgerieben – damit er sagen kann, *er* hat es gereinigt – laß er verdienen! – Und ich bin wieder in die Sakristei gegangen; die Ornate und das Pluviale hab ich zusammen mit dem Lavacrum und den Lavabotücheln in ein Bündel geschnürt, daß man sie nach Brewnow in die Klosterwäscherei schicken kann, alles geordnet und war fertig. Da legt mir der Kaplan – so soll ich leben und gesund sein! – fünfzehn Zal hin..."

„Was?"

„Ja, ja, fünfzehn Kreuzer als Lohn! Zuerst hab ich ihn angeschaut, ob er meschugge ist. Was ist das, frage ich ihn. Fünfzehn Kreuzer bekomm ich bei Sankt Heinrich, also mitten in der Stadt, aber herauszulaufen in der Nacht, einen Weg von einer Stunde im ärgsten Dreck, vom Spiel bin ich aufgestanden und hab mein Geld dortgelassen, und hier hab ich alles ausgeputzt, und Sie geben mir fünfzehn Kreuzer? – Sagt er, er kann mir nicht mehr geben, der alte Ministrant hat auch nur fünfzehn Kreuzer bekommen, und die Ministrantengebühr ist dem Kaplan für ein Quartal im vorhinein ausbezahlt worden, und er kann jetzt nicht *mehr* aufrechnen, und er zahlt nur fünfzehn Kreuzer. Da bin ich aber wild geworden. Messe *lesen* kann ein jeder, hab ich ihn angeschrien, Sie haben doch jedes Wort im Buch vor sich, aber der Ministrant muß alles auswendig können! Wenn ich Ihnen statt des Evangeliums ein Kochbuch hinlege, so müssen Sie ja Powidelbuchtel aufsagen statt Dominus vobiscum! Sie stehen ruhig oben und lassen sich bedienen, aber der Ministrant soll herumspringen wie ein Schalksnarr mit seinen Schellen, und dafür wollen Sie ihm so einen Hungerlohn zahlen? Das ist christliche Nächstenliebe? Eine Gaunerei ist das!"

„Und der Kaplan? Der hat sich das gefallen lassen?"

„Er hat natürlich auch angefangen zu schreien und zu schimpfen. Und wie er geschimpft hat, hab ich gesehen – traurig genug, daß ich das von einem Seelsorger sagen muß –, was er für einen schoflen, gemeinen Charakter gehabt hat. So ordinäre Worte hat er gebraucht: Bankert, Dreckkerl, ich bin, hör ich, ein Wichtigtuer, und ob ich glaube, daß er ohne mich das nicht zusammengebracht hätte, und wenn mir die fünfzehn Kreuzer zuwenig sind, soll ich sie dalassen, und ihn kann ich – Damned my soul, bin ich in Wut gekommen, schon will ich ihm zwei Fraß geben, da schreit er weiter – und jetzt hab ich gewußt, warum er mich schon früher immer so von der Seite angeschaut hat – er schreit, er läßt nicht mit sich feilschen, er ist kein stinkender Handeljud... Wie er das gesagt hat – du weißt nicht, was das für mich bedeutet..."

„Ich weiß es, ich kenne dich, Jack!"

„O nein, in so einem Moment kennst du mich nicht! In so einem Moment kenn ich mich selber nicht! In so einem Moment können mich zehn Leute halten, das nützt nichts. Da kann ein Wachmann schreien: ‚Im Namen des Gesetzes', ich höre nichts. Ob du's glaubst oder nicht: ich sehe dann nur mit meinem rechten Aug, und Ohrensausen spür ich. Also, wie er das vom stinkenden Juden sagt, pack ich den schweren Altarleuchter... da hat er aufgeschrien: Sacrilegium immediatum! Und das war wie ein Wunder: es hat mich zur Besinnung gebracht.

Daß er auf lateinisch erschrocken ist – vielleicht auch, weil er mich damit als einen kirchlichen Funktionär angesprochen hat – eigentlich weiß ich selbst nicht, warum – aber was ein Sacrilegium immediatum ist, weiß ich ganz genau!! Also, ich bin im Augenblick zu mir gekommen und hab ihn vor mir stehen gesehen mit einem Gesicht wie das Billardtuch da und die Hände von sich gestreckt vor Angst. Ich hab den Leuchter auf den Tisch gestellt und langsam gesagt: Geben Sie mir noch fünfzehn Kreuzer.

Ohne ein Wort zu reden, hat er sie hingelegt, ich hab die dreißig Zal eingesteckt, das kleine Kreuz geschlagen (ich weiß ganz gut, man soll das große Kreuz schlagen, aber ich hab so eine Wut gehabt!) und bin gegangen."

Mit einem Ruck trinkt Jack sein Bierglas leer. „That's the whole story. Aber das hab ich mir unterwegs vorgenommen: Wenn ich dich treffe, werde ich dir das erzählen, daß du in die Zeitung hineingibst, was das für eine Wirtschaft ist in den Prager Tumes. Damit da einmal eine Ordnung hineinkommt!

Du mußt schreiben: Jeder Ministrant soll fünfzehn Kreuzer bekommen pro stille Messe, zwanzig Kreuzer per Hochamt am Sonntag oder Feiertag, bei einer Totenmesse die Ministranten zusammen zehn Prozent von der Messespende, und für die Kapellen auf dem Friedhof oder in den Vorstädten soll eine Zuschlagsgebühr festgesetzt werden, zehn Kreuzer per Kilometer zum Beispiel..."

Herrn Süß aber, in seinem jüdischen Empfinden empört, entringt sich der Ausruf: „Wie können Sie als Jude ministrieren?!"

Eine Augenbraue über ausgeronnenem Ei zieht sich empor. „Sie Ochse, wie können Sie glauben, daß ich als Jud ministrier? Ich ministrier doch als Orl!"

DANTONS TOD UND POPPERS NEFFE

Auf dem Friedhof Errancis neben der Barriere von Monceau vermoderten die geköpften Leichname der Brüder Frey aus Brünn mit den geköpften Leichnamen von Danton und Camille Desmoulins im gleichen Grab. Die beiden Frey hatten einander brüderlich umarmt, bevor sie sich dem Fallbeil darboten.

Als sie zum Richtplatz gefahren wurden, an jenem 16. Germinal des Jahres II (5. April 1794), vernahmen Danton und Desmoulins keinen Zuruf der Freundschaft oder des Mitgefühls, wohl aber mußte ihr Ohr das alte Spottlied hören, das zur Schmähung ihrer auf dem Karren mitfahrenden Konventskollegen Chabot und Basire angestimmt wurde:

> Connaît-on jamais rien de pire
> Que Chabot, Merlin et Basire
> Et jamais rien de plus coquin
> Que Chabot, Basire et Merlin!

Den Brüdern Frey galt nicht einmal ein schmähender Vers. Nur Fetzen des unartikulierten Lärms, der die drei Karren von der Conciergerie zum Revolutionsplatz begleitete, mochten sich auf die Finanzspekulanten beziehen, die Mitglieder der Volksvertretung korrumpiert, Revolution und Republik an den Rand des Abgrunds geschoben hatten.

Nicht das Gefängnis, nicht das Tribunal und nicht das sichere Schafott hatten Danton im Gerichtssaal zum Ausbruch der Raserei getrieben, zur Raserei hatte Danton getrieben, daß man seinen Fall mit der Affäre des Deputierten Chabot zusammenwarf, der sich für eine zarte Braut und für bares Geld kaufen ließ. Mit Chabot und dessen Komplizen, mit Börsenjobbern und Aktienschiebern muß Danton auf ein und derselben Anklagebank sitzen, mit den beiden Bankiers Frey mitten durch das Volk von Paris fahren und sein entströmendes Blut mit dem der Spekulanten vermengen.

„Siegmann Gottlob Junius Frey, sechsunddreißig Jahre alt,

geboren zu Brünn in Mähren, wohnhaft zu Paris, Rue d'Anjou, Faubourg Saint-Honoré,

Emanuel Frey, sechsundzwanzig Jahre alt, aus Brünn in Mähren gebürtig, wohnhaft Rue d'Anjou, Honoré, Bruder des obigen und, ebenso wie dieser, Schwager des Chabot,

sind angeklagt als Urheber, Begünstiger und Antreiber der Verschwörung, die angezettelt wurde, um die Volksvertretung durch Korrumpierung einiger ihrer Mitglieder herabzuwürdigen und eine Zersetzung des Konvents zu erzielen."

So steht es im Strafantrag, den Fouquier-Tinville am 9. Germinal des Jahres II erhebt.

„Die Brüder Frey", sagt der öffentliche Ankläger, „ausländische Exaristokraten, Exbarone, sind Agenten Englands und des Wiener Kabinetts, wenn sie sich auch mit dem Schleier des revolutionären Patriotismus maskieren. Sie seien zu Wien in effigie gehängt und ihre Güter dortselbst beschlagnahmt worden, gibt ihr Schwager Chabot an, um ihre Liebe zur Freiheit glaubhaft zu machen, aber trotz dieser Vermögenskonfiskation haben sie Mittel gefunden, um ihrer Schwester eine Mitgift von zweihunderttausend Livres zu schenken und solcherart Chabot zu bestimmen, eine Ausländerin aus der Aristokratenklasse zu heiraten. Niemals haben Korruptionisten ihre Fallstricke mit größerer Verwegenheit und größerer Ruchlosigkeit ausgespannt, niemals haben Verschwörer mit schamloserer Offenheit den wahren Zweck ihrer Triebkräfte aufgezeigt. Der dänische Hofadvokat Deiderichsen (Diederichs), der in Wien gelebt hat und 1792 nach Frankreich kam, ist der Agent der Gebrüder Frey und ihrer Spekulationen; seine ganze Haltung stellt ihn als ausschließliches Werkzeug ihrer Komplotte dar. Obwohl er angibt, nur von Almosen der besagten Brüder Frey zu leben, verleiht er an Privatpersonen beträchtliche Summen, entfaltet ein üppiges Leben, tätigt wichtige Handelsgeschäfte mit dem Ausland und versucht schließlich – in dem Augenblick, da er die verbindende Kette dieser zahlreichen Machenschaften als beschädigt oder gar als zerbrochen erkennt – das französische Gebiet mit Geldbeträgen zu verlassen, die ihm angeblich von besagten Brüdern Frey übergeben wurden."

Die Brüder Frey hatten nichts Geringeres geplant, als die Nationalversammlung zu veranlassen, einen Scheinbeschluß auf Auflösung der Indischen Kompanie, der prosperierendsten französischen Importunternehmung, zu fassen. Mit den wertlos werdenden Aktien wollten sich die Brüder Frey eindecken und sie nach der offiziellen Veröffentlichung des Konventsbeschlusses gut verkaufen. Denn im Nachsatz sollte dem bisherigen Verwaltungsrat das Recht zugestanden werden, die Gesellschaft zu liquidieren und deren laufende Geschäfte abzuwickeln.

Am 17. Vendémiaire (8. Oktober 1793) hält Delaunay, ein gekauftes Subjekt, die Rede gegen die Indische Kompanie; die Fanfare, mit der er seinen Auflösungsantrag hinausschmettert, die Schilderung der Steuerhinterziehung, der Korruption, daß der Verwaltungsrat die abgabenpflichtigen Aktien in Verschreibungen umgewandelt habe, ist gellend. Um so leiser die Chamade des Nachsatzes. Sie soll im Lärm der Empörung verhallen.

Aber der Konvent ist nichts weniger als eine Abstimmungsmaschine, die Mitglieder dieses Parlaments verbinden den Heroismus, der sie vor den Machenschaften von Monarchismus und Reaktion nicht zittern läßt, mit Hellhörigkeit gegenüber den Tricks der Revolutionsgewinnler. Kaum hat Delaunay geendet, als Fabre d'Eglantine die Tribüne besteigt. „Nach den Angriffen des Berichterstatters", sagt er, der Dramatiker, dem man in Kunstfragen eine größere Beschlagenheit zutrauen würde als in Finanzdingen, „nach diesen schwerwiegenden Vorwürfen gegen die Indische Kompanie muß ich mein Erstaunen darüber äußern, daß er nicht ihre vollständige, sofortige Auflösung beantragt hat. Gegen Leute, die die Nation um fünfzig Millionen geschädigt haben, kann man nicht streng genug vorgehen. Daher stelle ich den Antrag: die Regierung beschlagnahme unverzüglich sämtliche Waren der Gesellschaft und lasse sie durch staatliche Organe verkaufen. Ferner mögen sämtliche Geschäftsbücher versiegelt werden, damit man alle Beweise für die Betrügereien der Verwaltungsräte finde."

Auch Robespierre spricht gegen den Berichterstatter, unterstützt den Antrag von Fabre d'Eglantine. Es werden Abänderungsvorschläge gemacht und die Angelegenheit einer fünfgliedrigen Kommission überwiesen, bestehend aus Fabre d'Eglantine, Ramel, Cambon und den beiden Bestochenen: Delaunay und Chabot.

Die Schieber müssen also noch eines der Ausschußmitglieder korrumpieren, um die Mehrheit zu haben. Das ist nicht so leicht, wie es sich die Brüder Frey denken. Sie geben Chabot hunderttausend Franken, damit er Fabre d'Eglantine besteche. Als jedoch Chabot diesem im Vorraum zum Sitzungssaal den Entwurf der Verordnung vorlegt und die Unterschrift verlangt, prüft Fabre das Elaborat, streicht sofort den Satz durch, daß die Compagnie des Indes ihre Geschäfte selbst zu liquidieren habe, den Satz, auf den es den Bankiers ankommt, und schreibt, das Manuskript auf den Knien haltend, die von ihm im Konvent vorgeschlagene Fassung hinein.

Chabot wagt es nicht, Fabre d'Eglantine das Geld anzubieten, wagt aber ebensowenig, seinen Auftraggebern einzugestehen, daß er keinen Mut zum Bestechungsversuch hatte, sondern behauptet, Fabre habe die hunderttausend Franken genommen. Durch Einfügungen und Radieren fälschen Chabot und Delaunay das Schriftstück und übergeben es dem Büro des Konvents zur Expedition.

Die Brüder Frey hatten Chabot gut einzuspannen gewußt, nachdem sie in ihm den Mann gefunden, der im Staate allmächtig, „der erste Franzose nach Robespierre" war. Chabot, Sohn eines Kochs in Saint-Geniez-d'Olt, von einem unwilligen Mitglied des Kapuzinerordens zum begeisterten Mitglied des Jakobinerklubs geworden, handhabe das Wort meisterhaft als Redner und als Schriftsteller, aber kein Nachruhm hat ihm geblüht; die reaktionären Geschichtsschreiber verurteilen ihn als Montagnarden, die sozialistischen als Mitschuldigen an der Korruptionsaffäre Frey.

In der Gesetzgebenden Versammlung bildete Chabot, Abgeordneter des Départements Loire-et-Cher, mit Merlin und Basire den linken Flügel, vom rechten angefeindet und durch den Spottvers gehöhnt.

> Nie sah man Narren, die so roh
> Wie Merlin, Basire und Chabot.
> Kennt man ein schlimmeres Getier
> Als Chabot, Merlin und Basire?
> Kein größrer Schelm ward gesehn
> Als Basire, Chabot und Merlin!

Am Abend des 9. August 1792, als der Faubourg Saint-Antoine aufstand, um gegen die Tuilerien zu ziehen und dem Königstum den Garaus zu machen, war Chabot unter den Führern der Bewegung; er leitete als Abgesandten des Konvents die Niederwerfung der Konterrevolution in Lyon und wies energisch die Ersatzansprüche zurück, die die Grundherren nach Abschaffung der Feudalrechte zu erheben wagten. In den blutigen Septembertagen trat er für die Schonung einiger Abbés ein, deren Integrität er aus seiner geistlichen Vergangenheit kannte. Chabot sprach und stimmte für die Hinrichtung Ludwigs XVI., aber gegen das Gesetz, alle Bourbonen und Orléans zu verbannen, da er Vertrauen in die freiheitliche Gesinnung des Herzogs Philippe Egalité setzte. Die von Marat propagierte Diktatur bekämpfte er, um den Sturz der Girondisten, die Revolution vom 31. Mai 1793, machte er sich verdient.

Diesen Tag und seine Helden feiert Junius Frey in einer Broschüre „Abenteuer des Vaters Nicaise oder der Antiföderalist", und Chabot revanchiert sich, indem er in einer Rede eine zweite Schrift des Junius Frey, „Philosophie sociale", zitiert und den Autor mit Locke, Sokrates und Christus vergleicht.

Längst verkehrt Chabot in der Rue d'Anjou, wo die Brüder Frey offene Tafel halten, wie schon die Tatsache erkennen läßt, daß der Küchenhaushalt jährlich fünfzigtausend Franken verschlingt. Bunt ist die Gesellschaft an ihrem Tisch, Sansculotten und Gräfinnen, Diplomaten und Freimaurer, Schauspielerinnen und Schieber; ein Freund des Junius Frey ist Proly, der für die Revolutionsregierung Kurierdienste leistet und keines Geringeren unehelicher Sohn sein soll als des Fürsten Kaunitz, Staatskanzlers von Österreich; im Hause Frey treffen sich der Mainzer Arzt Georg Wedekind, ein Freund Georg Forsters, der sächsische Anwalt Saiffert, der ein antiklerikales

Stück über den in Rom ermordeten Sekretär der französischen Gesandtschaft, Basville, schrieb, die Deputierten Hérault de Séchelles und Julien aus Toulouse.

Dem Gerichtsakt verdanken wir die Beschreibung des Freyschen Hauses: Im Vorsaal steht auf bronzenem Sockel die Büste des Brutus, Kupferstiche vom Ballhausschwur und von den Grabmälern Marats und Lepeletiers hängen an der Wand, das Mobiliar ist mit grün-weiß gestreiftem Seidenstoff bezogen, die Seidenvorhänge mit Vierecken in den gleichen Farben gemustert, den Kamin schmückt eine zierliche Stutzuhr aus blauem und weißem Marmor, von einem Amor aus unglasiertem Sèvresporzellan gekrönt; das Inventarverzeichnis zählt weiter auf: vier Lehnstühle, zwei Sessel, einen Toilettetisch aus Mahagoni, einen großen Spiegel, einen breiten Schrank, der auf blauer Marmorplatte das Reliefporträt Ciceros trägt, und ein Himmelbett aus vergoldetem Holz, umhüllt von gelb und weiß gemusterten, mit weißem Taft gefütterten Vorhängen.

Léopoldine, die Schwester der Freys, sitzt züchtig in ihrer Mädchenstube, zeigt sich den Gästen niemals. Dieses stille Mädchen mit dem zarten elfenbeinernen Gesicht, den mandelförmigen Augen, dem schwarzen Haar und der goldenen Mitgift wird des wilden Chabot Frau. In seiner während der Haft verfaßten Rechtfertigungsschrift „Wahrhafte Geschichte der Heirat des François Chabot mit Léopoldine Frey als Widerlegung auf alle hierüber ausgesprengten Verleumdungen" gibt Chabot an, Junius Frey habe diese Ehe veranlaßt. „Glandy, einer meiner besten Freunde und mein Verwandter, wurde von seiner Gemeinde nach Paris entsendet, um beim Konvent eine Entschädigung für den Kampf gegen das Banditentum im Dép. Lozère durchzusetzen. Er wohnte bei mir in der Rue St-Honoré. Ich wollte ihm Versailles zeigen, wo ich erst einmal gewesen war, und zwar nur nachts, damals als ich die Schweizer vom Regiment Chateau-Vieux abholte. Ich lud zu dieser Landpartie die Brüder Frey und die Damen ein, da sie sich während meiner Abwesenheit Glandys angenommen hatten. Die Brüder Frey hatten wiederholt von ihrer Schwester gesprochen, die ich für verheiratet hielt, weshalb ich äußerte, das Ehepaar möge mitkommen. Darauf lachten die Freys: ‚Léopoldine ist erst sechzehn Jahre alt und hat außer uns noch keinen Mann gesehen.' Auf der Landpartie verliebte sich Glandy in das Mädchen. Als wir zu den Freys kamen, erschien nach dem Essen auf unsere Bitte Léopoldine und spielte mit soviel Liebreiz und Grazie auf dem Spinett, daß Glandys Verliebtheit noch flammender wurde. Er ersuchte mich, ich möge für ihn um die Hand Léopoldines anhalten. Als ich daraufhin den Junius Frey befragte, ob er seine Schwester verheiraten wolle, erwiderte er, er habe bereits daran gedacht, sie zu meiner Frau zu machen. Ich schwieg, teilte aber die Antwort dem Verliebten mit, der darauf drang, ich möge für ihn einen ausdrücklichen Heiratsantrag vorbringen. Ich tat dies und erhielt von Junius folgende Antwort: ‚Um meine Schwester hielten bereits Millionäre an (Junius nannte mir die Namen), ich habe sie abgewiesen. Wenn sie der ehemalige Herzog von Chartres freien wollte, würde ich ihn ebenso ablehnen. In Frankreich bist nur du es, der des Mädchens würdig ist. Den Glandy schätze ich als deinen Freund und als einen guten Menschen, aber meine Schwester kann ich ihm nicht geben.' Zunächst war ich sprachlos. Nach einer Weile bemerkte ich, Glandy sei Inhaber eines gutgehenden Geschäftes, während ich ja nichts besitze als den äußerst unsicheren Pensionsbetrag des gewesenen Kapuziners. Frey erwiderte: ‚Besäßest du mehr, so würdest du niemals meine Schwester bekommen, denn dann wärest du korrupt und konterrevolutionär. Ich gebe sie dir mit einem Heiratsgut von zweihunderttausend Livres. Solltest du jedoch jemals die Sache des Volkes verraten, dann mußt du auf meine Freundschaft und auf jede Erbschaft verzichten. Denn wenn du Léopoldine heiratest, werde ich ledig bleiben, und du wirst das Haupt unserer Familie in Frankreich sein. Mein Bruder Emanuel ist impotent, er kann niemals Vater werden.'"

Chabot habe sich Bedenkzeit erbeten, zuerst vierundzwanzig Stunden, dann eine zwölfstündige Verlängerung, innerhalb welcher ihm seine Klubkollegen eindringlich rieten, seinem Ruf als Schürzenjäger durch die Heirat ein Ende zu machen.

Am 27. September 1793 zieht Chabot in das Hotel der Rue d'Anjou, um der Rache seiner bisherigen Geliebten Juliette

Berger zu entgehen, deren Gefährlichkeit er ahnt. Sie schürt gegen ihn, und schon am 30. glaubt Chabot sich durch eine Rede schützen zu müssen, in der er ganz allgemein vor einer Verschwörung von Weibern warnt, welche die Mitglieder des Konvents zu verleumden beabsichtigt.

Nach weiteren drei Tagen proklamiert er im Sitzungssaal der Jakobiner seine Verlobung, indem er erklärt, dem Laster der Flatterhaftigkeit entsagen und seßhaft werden zu wollen, seine Bedürfnislosigkeit und Armut betont und – um allfälligen späteren Vorwürfen der unrechtmäßigen Bereicherung vorzubeugen – hervorhebt, seine Erwählte sei durchaus kein Mädchen ohne Heiratsgut. Die Trauung werde kein Priester vornehmen, sie werde um acht Uhr morgens stattfinden, damit Chabot den Beginn der Konventssitzung nicht versäume.

Er lädt die Mitglieder des Klubs zur Zeremonie ein, aber die Einladung wird mit Eiseskälte aufgenommen. Scheint es ihm nur so oder ist es Wirklichkeit, daß einer seiner Klubkollegen das Lied summt, das er bisher nur von rechts gehört: „Vit-on jamais rien de plus sot, Que Merlin, Basire et Chabot..."

Am nächsten Tag bringen die „Annales de la République française" über die Braut des Volksvertreters folgende, offenkundig von Frey stammende Notiz: „Die Familie von Léopoldine Frey-Minaires stammt aus Böhmen; sie ist von jüdischer Religion und nicht von der der Mährischen Brüder, wie behauptet worden ist. Der Ahnherr Frey hat während des Siebenjährigen Krieges beträchtliche Käufe im Dienste der Königin von Ungarn abgeschlossen, so daß der Wiener Hof der Familie eine Summe von zwei Millionen schuldete. Da jedoch der Kaiserin die Verbreitung des katholischen Glaubens in ihren Staaten sehr am Herzen lag, bewog man den Vater Léopoldines, dem mosaischen Glauben abzuschwören, um der römisch-katholischen Religion zu folgen, was den Erfolg hatte, daß die Kaiserin ihm an Zahlungs Statt die schöne Herrschaft von Found-Schomberg verlieh, die auf mehr als zwei Millionen bewertet wurde. Dort ist die liebenswürdige Léopoldine geboren."

Die abfälligen Bemerkungen verstummen nicht, man spöttelt, mit Anspielung auf Ludwigs XVI. Gattin, über „die Österreicherin des Chabot", man erzählt, Freys Neffe sei in Wahrheit sein Sohn, dessen Eintritt in die revolutionäre Armee ein Akt der Spionage und Léopoldine komme aus dem Harem des Kaisers von Österreich. Chabot behauptet später, Delaunay habe ihm gedroht, alle diese Verleumdungen vom Rednerpult der Nationalversammlung öffentlich zu wiederholen, wenn sich Chabot nicht daran beteilige, das Auflösungsdekret der Indischen Kompanie zu fälschen. Chabot werde bald Geld brauchen, denn seine politische Stellung sei erschüttert. In Wahrheit hat Chabot selbst gefühlt, daß ein mit Bankiers versippter Volksvertreter in einer revolutionären Republik unmöglich ist.

Am 20. Brumaire II (November 1793) hält Philippeaux eine Philippika im Konvent, die Abgeordneten mögen ihre Strenge zunächst gegen sich selbst beweisen. „Ich beantrage, daß jeder Deputierte eine Aufstellung vorlege, wieviel sein Vermögen vor der Revolution betrug und wie hoch es heute ist. Wer nicht innerhalb von zehn Tagen diese Angaben in präziser Weise erbringt, soll sofort festgenommen und als Vaterlandsverräter bestraft werden." Basire, Chabot, er vor allem, und Julien aus Toulouse sprechen dagegen und erreichen, daß der Antrag mit dem Zusatz angenommen wird, jedem Abgeordneten müsse vor seiner eventuellen Verhaftung Gelegenheit geboten werden, sich im Konvent zu verteidigen.

Tags darauf diskutiert der Klub Chabots Rede, kennzeichnet den Zusatzantrag als dem gesamten Volkswillen zuwiderlaufend und beschließt die Entsendung einer Abordnung in den Konvent. Dort regnet es gegen Chabot heftige Vorwürfe, obwohl er seine vorgestrige Stellungnahme zu bedauern erklärt, man wettert gegen seine Frau, die verdächtige Ausländerin, gegen ihre anrüchigen Verwandten.

Die Brüder Frey, die der Sitzung beiwohnen, müssen hören, wie das Volk von Paris über sie urteilt: Vor der Heirat ihrer Schwester seien sie mit langen Gesichtern umhergegangen (on y faisait une figure très mince) und jetzt sei ihr Kammermädchen besser gekleidet als vorher die Frau des Hauses. Als man bei ihnen, wie bei allen fremdländischen Bankiers, die Siegel anlegte, eine Maßnahme, die auf Chabots Intervention aufgehoben wurde, gab es in ihrem Hotel, das heute auf siebenhunderttausend Livres geschätzt wird, keine Wäsche, und die Schränke waren leer.

„Spione wohnen mit dir unter einem Dach, Bürger Chabot!" Nieder prasseln, nieder brechen und nieder schmettern neue Beschimpfungen auf Chabot, dessen Betrug man nur instinktiv ahnt. Verzweifelt fleht er „die gutgesinnten Bürger" an, sie mögen ihm helfen, die Verleumder zu demaskieren, aber eine Salve von Hohn ist die Antwort, und man verlangt, daß der Ausdruck „Verleumder" ex praesidio gerügt werde. Chabot wankt aus dem Sitzungssaal, er fühlt bereits, wie sich die scharfgeschliffene Eisenplatte des Bürgers Guillotin auf seinen Nacken senkt, unaufhaltsam, unaufhaltsam. Niemand vermag ihn zu retten.

Niemand? Er hofft auf Robespierre. Nach schlafloser Nacht eilt er am frühen Morgen zu ihm. Der mächtigste Mann Frankreichs empfängt den zweitmächtigsten in seiner Kammer, in der nur ein Tisch, vier Stühle, eine Matratze und viele Bücher sind. Chabot hat das Paket mit den hunderttausend Franken bei sich, mit dem er Fabre d'Eglantine von seinem Antrag auf restlose Auflösung der Indischen Kompanie abbringen sollte. Stotternd berichtet Chabot dem Robespierre von einem großen Komplott, das er bis in die letzten Wurzelfasern aufdecken könnte, wenn er mit den Verschwörern in Fühlung bliebe. Robespierre schickt ihn zum Sicherheitsausschuß, dort protokolliert man die Angaben über die angebliche Konspiration, lehnt es aber ab, Chabot zu seiner Deckung einen Geleitbrief für den weiteren Verkehr mit den Verrätern auszustellen.

Nur einen Tag noch ist er in Freiheit, dann holt man ihn, nach und nach alle von ihm Beschuldigten und viele andere, die der Korruption, der Schwelgerei und der Gegenrevolution verdächtig sind, und auch den unschuldigen Fabre d'Eglantine, der der Freund Desmoulins' und Dantons ist. Die Brüder Frey, am 3. Frimaire II (23. November 1793) festgenommen, sitzen in der Prison Saint-Pélagie, Léopoldine im Gefängnis der Englischen Fräulein. „Ich danke der Vorsehung", schreibt Chabot aus dem Luxembourg-Gefängnis an den Sicherheitsausschuß, „daß ihr euch endlich entschlossen habt, meine beiden Schwäger in Haft zu nehmen. Ich halte sie für so fleckenlos wie die

Sonne und für ehrliche Jakobiner. Wären sie es nicht, so müßte man in ihnen die größten Heuchler des Weltalls erblicken."

Für so etwas wie die größten Heuchler des Weltalls hat auch Robespierre sie gehalten. In seinen nachgelassenen Papieren findet man folgende Aufzeichnungen über Junius Frey: „Seit den ersten Tagen der Revolution leben in Paris zwei Schurken, deren vollkommene Verstellungskunst sie zu geeigneten Werkzeugen der Tyrannen gemacht hat...; einer von ihnen hat dem angenommenen Familiennamen den Vornamen des Mannes beigesellt, der die Freiheit Roms begründet hat. Jeder Patriot, mit dem er in Verkehr trat, traf ihn zu Hause mit der Feder in der Hand, in Betrachtungen über die Menschenrechte vertieft oder beim Studium der Werke Plutarchs und Rousseaus. Das strenge Äußere und die revolutionäre Tracht des neuen Junius entsprachen vortrefflich der Vorstellung von einem so bedeutenden Charakter: der philosophische Schnitt seines Haars und die auf seinen Gelehrtenkopf gestülpte rote Mütze bürgten der ganzen Welt für die Reinheit seiner patriotischen Gesinnung."

Chabot bittet in einer Eingabe, seine unschuldige Frau aus dem Gefängnis zu entlassen, und dies geschieht auch. Die anderen, selbst die einst Mächtigsten, bleiben in strengstem Gewahrsam, mehr als ein halbes Jahr. Da erkennt Chabot, daß seine Sache hoffnungslos ist, er nimmt Gift, aber auch das fällt ihn nicht, rettet ihn nicht vor der letzten Schmach, man trägt ihn vors Gericht und führt ihn zum Blutgerüst wie die, die er mit sich gerissen, wie die, die ihn mit sich gerissen, die beiden Frey.

Noch nicht lange waren sie im Lande, die verhängnisvollen Brüder. Ende April 1792, just zu Beginn des Krieges, in Straßburg aufgetaucht, haben sie sich dort für Thibault de Laveaux eingesetzt und gegen seine klerikalen Widersacher, die ihn vor Gericht gezogen hatten. Jean-Charles-Thibault de Laveaux war Sprachphilosoph, der Schöpfer der vergleichenden Grammatik, und Freund und Biograph Friedrichs II., doch hatte er auf dessen Gunst verzichtet, um als Redakteur des „Courrier du Bas-Rhin" die revolutionäre Lehre vom Elsaß aus nach dem Osten zu tragen.

Seinen Prozeß gegen die Klerikalen von Straßburg gewann er, worauf die Freys eine Medaille mit der Inschrift „Zur Feier des von den Jakobinern über die Feuillants davongetragenen Sieges" schlagen ließen und eine stattliche Beisteuer für die Ausrüstung der Revolutionsarmee gaben. Dem Prinzen von Hessen, der sich der Sache der Französischen Revolution angeschlossen, überreichten die Brüder einen Ehrendegen, und der „Courrier du Bas-Rhin" pries den Opfermut der neuen Mitbürger Frey. Jedoch schon wirft der Journalist Chairoux die Frage auf, wer eigentlich diese angeblich aus Begeisterung für die Freiheitsbewegung herbeigeeilten Fremden seien, diese angeblichen Aristokraten, diese angeblichen Millionäre, man kenne ihren wahren Namen nicht, man kenne ihre Herkunft nicht, man kenne ihre Absichten nicht.

Vielleicht erschreckt sie diese Frage. Sie wollen nach Paris. Eben fährt Thibault de Laveaux hin, um die Redaktion des „Journal de la Montagne" zu übernehmen, und der revolutionäre Prinz von Hessen reist in der gleichen Kutsche – für die Freys eine gute Gelegenheit mitzufahren, das trefflichste Entrée in die Hauptstadt. Sie kommen an, als sich der Sturm auf die Tuilerien vollzieht, und die Brüder finden sofort den Weg, sich ihre Beteiligung an diesem revolutionären Akt offiziell bestätigen zu lassen. Ja, noch mehr, als zwei Wochen später in der Legislative, in der Gesetzgebenden Nationalversammlung, darüber debattiert wird, großen revolutionären Denkern des Auslandes ehrenhalber das französische Bürgerrecht zu erteilen, schlägt der Deputierte Boussac vier deutsche Denker vor: *Wieland, Voß* und – die *Brüder Frey*. Keiner von den vieren gefällt dem Referenten Rühl vom Niederrhein. Er beantragt nur *Friedrich Schiller,* von dem sich bald erweisen wird, wie unrichtig es war, ihn als Revolutionär einzuschätzen: Schiller stimmt das Lied von der Glocke an, den Lobgesang auf das Spießertum, den Haßgesang gegen die Auflehnung des Untertanen.

Immerhin bleibt dem Konvent die Ehre, sie den Brüdern Frey nicht erwiesen zu haben. Die müssen auf andere Weise die Staatsbürgerschaft zu erwerben versuchen. Am Tage, da sich Frankreich zur Republik erklärt, nehmen die Freys ein Waisenkind und eine blinde Greisin in Pflege, die Feier der

Section des Tuileries wird beim Schein von Fackeln begangen, die die Bürger Frey beigestellt haben, und sie sprechen beim Außenminister Lebrun vor, um ihm ein Projekt zu unterbreiten, wie man die Österreicher mit den Preußen verfeinden und damit deren gemeinsamen Krieg gegen Frankreich beenden könnte. Aber all das und ihre Freundschaft, sogar ihre Verwandtschaft mit dem großen Chabot bringen den Verdacht nicht zum Verstummen, der sich allenthalben gegen sie regt.

Einer ist da, der sie von früher kennt, ein Emigrant, ein weltberühmter Mann, der Bastillensträfling Friedrichs II., der *Freiherr von Trenck*. Und er sagt geradeheraus, die Brüder Frey seien österreichische Spione. Überall tritt Trenck gegen sie auf, denn er glaubt, sie seien es gewesen, die seine Aufnahme in den Jakobinerklub verhindert haben. Sicherlich mißt er ihnen und Chabot auch die Schuld daran bei, daß er verhaftet wird. Aber als Trenck das Schafott besteigt (25. Juli 1794), liegen seine beiden österreichischen Feinde und deren französischer Schwager schon lange ohne Kopf auf dem Friedhof Errancis.

Auch anonyme Anzeigen gab es gegen die Brüder Frey. Eine ist im Archiv des französischen Außenministeriums erhalten. Sie stammt von einem Girondisten und beschuldigt die Freys der einzigen Verbindung, die sie gewiß nicht haben, der Verbindung mit Marat, dem konsequentesten der französischen Revolutionäre, der für den Anonymus allerdings den schrecklichsten bedeutet. Die Brüder Frey wüßten alles voraus, schreibt er, was Marat am nächsten Tag in seiner Zeitung veröffentlichen werde; Junius Frey verkehre außerdem mit Ministerialbeamten, insbesondere mit solchen des Kriegsministeriums, und behaupte, Beweise dafür zu haben, daß die Preußen und Österreicher binnen vier Monaten in Paris einrücken werden.

Aber erst als die Affäre der Indischen Kompanie platzt, erst als Chabot im Gefängnis sitzt, nimmt man auch die Brüder Frey in Haft und versucht zu erforschen, wer und was sie in ihrer vorfranzösischen Zeit gewesen sind. Nicht allzuviel können die Behörden darüber erfahren.

In der Zeitung „Le mercure universel" führt der Deputierte Amar zur Belastung des verhafteten Chabot an, zwei seiner

Schwäger, Brüder des Junius Frey, stünden als österreichische Offiziere im Lager des Feindes an der Landesgrenze. Der Mitangeklagte Diederichs erklärt, er habe Junius und Emanuel Frey in Wien kennengelernt; Junius sei ein Günstling Kaiser Josefs gewesen, der sich mit ihm über philosophische Fragen zu unterhalten liebte. Sie hätten im Sommer 1791 gemeinsam mit ihm (Diederichs) Wien verlassen, der Fürstenzusammenkunft von Pillnitz beigewohnt und dann Dresden, Berlin und Hamburg besucht; von dort fuhr Diederichs in ihrem Auftrag nach England, während sich die Freys nach Straßburg wandten, wohin sie ihre Schwester Léopoldine nachkommen ließen. Die Frau des Junius, Wilhelmine, lebe in Wien auf großem Fuße. Junius Frey, über seine Personalien einvernommen, sagt aus: „Alle meine Güter sind mir vom Kaiser genommen worden. Meine Frau ist die Adoptivtochter eines homme opulent und hat zwei Millionen zur Verfügung."

In den Archives nationales liegt der Akt, den das Polizeibüro an den mit der Untersuchung betrauten jakobinischen Kommissar sandte. „Les Frey sont nés juifs sous le nom de Tropousca à Brunne en Moravie, anoblis sous le nom de Schönfeld. Ils sont deux frères ici et trois au service de l'Autriche. La comtesse leur sœur a été baptisée il y a trois ans. Il y a encore deux autres sœurs à Vienne dont une seulement a été baptisée et est entretenue par un baron allemand. Frey l'aîné à Paris est marié, sa femme est à Vienne avec deux de ses filles; et un fils de seize ans, qu'il a mis dans l'armee révolutionnaire, lequel il fait passer pour son neveu."

Um Näheres über Freys Vorleben zu erfahren, müssen wir nach einem Aristokraten namens Schönfeld aus Brünn suchen, der vormals „Tropousca" hieß oder so ähnlich. Im Wurzbach, dem Österreichischen Biographischen Lexikon, finden wir ihn, einen sicheren „Franz Thomas Schönfeld, geboren zu Brünn in Mähren 1753, von jüdischer Abstammung und hieß vorher Dobruska. Sein Vater, Salomon Dobruska, war ein reicher Jude und Hauptpächter des k. k. Tabakgefälls. Sein Sohn sollte ein gelehrter Rabbi werden und erhielt demgemäß Unterricht im Talmud. Durch Zufall kam S. mit einem anderen Israeliten zusammen, der sich mit dem Studium der hebräischen Dicht-

und Redekunst beschäftigte und durch den S. gleichfalls in dasselbe eingeführt wurde. Nun wollte S. vom Talmud nichts mehr wissen, wollte humanistische Studien machen und erzwang schließlich von seinem Vater die Einwilligung. Mit Eifer trieb er das Studium der alten Klassiker und deutschen Poeten. Unter letzteren fesselte ihn zunächst Geßner, an dem er solchen Gefallen fand, daß er auch die anderen deutschen Dichter kennenlernen wollte. Es gelang ihm, seinen Vater zu bewegen, daß er ihm eine Summe von 1500 Gulden zur Anschaffung von Büchern, wie er sie wünschte, gewährte. Nun trieb er mit allem Eifer das Studium der deutschen Sprache, in welcher er sich selbst in der Dichtung versuchte, auch jenes der übrigen lebenden Sprachen, und zwar der englischen, französischen und italienischen, und trat am 17. Dezember 1773 (soll heißen 1775) zu Prag zur katholischen Religion über, worauf er den Namen seines schon 1769 zur nämlichen Religion übergetretenen Bruders annahm welcher sich Schönfeld nannte und die Stelle eines Offiziers in einem kaiserlichen Infanterie-Regiment bekleidete. Er verfaßte mehrere Gedicht- und literarhistorische Bücher. Im Jahre 1778 wurde S. zugleich mit seinen Geschwistern Karl S., k. k. Unterleutnant, Joseph, Fähnrich, Maximilian, Leopold und Emanuel in den erbländischen Adelsstand erhoben, und aus dem Adelsdiplom erfahren wir, daß Franz Thomas Mitvorsteher der berühmten Garellischen Bibliothek war, an welcher Denis als Vorsteher bedienstet gewesen."

Nun kommt der Schlußsatz, dem wir uns nicht ohne Bangen genähert haben, denn es könnte ja zum Beispiel darinstehen, Schönfeld sei hochbetagt in Wien gestorben, und dann wäre unsere Entdeckerfreude verpufft. Doch nein, der Schlußsatz lautet: „Über die Ursache seines gewaltsamen Todes, den er, wie Friedrich Raßmann in seinem ‚Deutschen Nekrolog' (Nordhausen 1818, G. W. Happach, 8°, S. 172) berichtet, zugleich mit seinem Bruder Emanuel Ernst zu Paris erleiden mußte, daß beide am 5. April 1794 guillotiniert wurden, konnte ich leider nichts Näheres erfahren."

Der Biograph Wurzbach weiß also viel über den Edlen Schönfeld, er kennt sogar die Auseinandersetzung zwischen ihm und seinem Vater, die Höhe der väterlichen Unterstützung und dergleichen, nur über eines konnte er „leider nichts Näheres erfahren", über das eine, das der Leser dieses Kapitels aus der französischen Revolutionsgeschichte nun erfahren hat: die Ursache der Guillotinierung.

Franz Thomas hieß vorher Moses. Er hat in Prag im Dezember 1774 ein hebräisches Buch drucken lassen, in dessen Vorwort er erwähnt, daß er heute, am 7. Chanukatage, das zwanzigste Lebensjahr vollende. „Sefer Hascheschwi", Buch des Vergnügens, heißt das Buch des Moses ben Salomon Dobruschka, es ist von den Prager Rabbinern Landau und Kassowitz approbiert, dem berühmten Mäzen Joachim Popper in Prag gewidmet und stellt einen Wort- und Sachkommentar zu dem hebräischen philosophischen Werk des Jedaja Penini aus Béziers dar; in kühnem Modernismus zitiert der zwanzigjährige Dobruschka wiederholt den als weltlich verfemten Moses Mendelssohn und beklagt, daß die Juden das Studium der Metaphysik vernachlässigen.

Bevor das Jahr zu Ende geht, in dem sein jüdisches Werk erschien, hat der Autor bereits das Sakrament der Taufe empfangen, bald darauf ist er Bibliothekar im höfischen Theresianum und drei Jahre später mit dem Namen einer alten böhmischen Adelsfamilie nobilitiert. Einer dieses Geschlechts lebt zur gleichen Zeit in Prag als Mitglied des Jesuitenordens und Professor der Dichtkunst an der Universität: Pater Franz Expeditus Schönfeld; er übersetzt die lateinischen Gedichte des Hofpoeten P. Denis, der der Chef von Moses Dobruschka ist, ins Deutsche und war vorher Geistlicher in Březnitz gewesen, einem Städtchen bei Blatna, von wo die Frau des jungen Gelehrten Moses Dobruschka stammt.

Chajim Březnitz war der ursprüngliche Name jenes Mäzenaten Joachim (nachmals Edler von) Popper, dem das Buch „Sefer Hascheschwi" gewidmet ist. Er starb kinderlos 1795 in Prag und liegt auf dem alten jüdischen Friedhof in Weinberge-Žižkow begraben neben seiner Gattin Reizl, Tochter des beim Prager Pogrom am 27. November 1744 getöteten Zecharja Joß. Der einzige Bruder der Frau Popper ist Isaak Juda Joß, der zwei Kinder hat, Simon Gottfried und Elke. Diesen Simon

Gottfried schließt der reiche Onkel Popper wegen einer gestohlenen oder mißbrauchten Blankovollmacht aus seinem Testament aus, die Elke Joß aber nimmt er an Kindes Statt an; anläßlich ihrer Ehe mit Moses Dobruschka, dem künftigen Sansculotten Junius Frey, setzt Popper – der homme opulent aus dem Pariser Verhör – ihr einen Anteil an seinem Riesenvermögen aus, hebt aber diesen Erbbrief auf, als sie mit ihrem Gatten zum Christentum übertritt und nunmehr Wilhelmine Schönfeld heißt.

Mehr als zwanzig Jahre später, der Neffe ist auf der Place de la Révolution guillotiniert worden und der Onkel in seinem Haus in der Prager Langen Gasse entschlafen, entspinnt sich um den Nachlaß Joachim von Poppers ein langer Gerichtsstreit zwischen der Witwe des Guillotinierten und einem Verwandten, Abraham Duschenes, der Poppers Universalerbe geworden war, sich sofort nach Empfang des Erbes taufen ließ und den Namen Andreas Josef Dusensi annahm. Von Freys Abstammung berichtet die Brünner Matrikel, daß unser Jakobiner das zweite von zwölf Kindern des Salomon Dobruschka (1715 bis 1774) war, Pächters des mährischen Tabakregals und der jüdischen Leibmaut, und seiner Gattin, die 1731 als Schöndl Katharina Jakobi in Breslau geboren wurde und am 17. Mai 1791 in der Wiener Leopoldstadt starb.

Das Kinderdutzend war rasch in alle Welt zerstoben. Während der alte Dobruschka, der seine Söhne in der Synagoge von Austerlitz hatte beschneiden lassen, im Hinterhaus der Kröna-Vorstadt von Brünn die einzige jüdische Betstube Brünns unterhält, sind Söhne und Töchter schon auf dem Weg zur Taufe, und nach Vaters Tode kommen die jüngeren Söhne zur Erziehung ins Löwenburgische Stift, werden Offiziere, erhalten den Adel. Und Blümele Dobruschka, das heißt Theresia Maria Josefa Eleonore von Schönfeld, wird gar die Mätresse des Grafen Wenzel Paar. Kaiser Josef läßt sie 1787 aus Wien in ihre Heimatgemeinde Brünn ausweisen, jedoch was vermag der Kaiser gegen einen glücklich liebenden Paar, sie kehrt bald zurück und wohnt mit dreien ihrer Schwestern in der Bräunerstraße Nr. 1166. Vor allem bemuttert sie die kleine Ester, geboren Brünn 1771, getauft 10. Januar 1791 zu Wien auf den Namen Leopoldine Schönfeld, die Gattin Chabots, die ihr Bruder etwas jünger gemacht hat. Theresia Maria, die Geliebte des Grafen Paar, starb 1808 in Paris, wir wissen nicht, ob sie dort die Kleine wiedergesehen, die Witwe des Jakobiners, Esterle, ihr Schwesterle ...

Das ist die Familie des Moses Dobruschka alias Franz Thomas Edler von Schönfeld alias Junius Frey, der vom Talmud in die deutsche Klassik sprang, vom Ghetto ins Theresianum, vom Onkel Popper zum Schwager Chabot, vom Katholizismus zum Atheismus, der die Elke Joß in die österreichische Aristokratie mitnahm und seine Geschwister in die Französische Revolution und dort die Axt an das Gemäuer legte, das ihn begrub – zusammen mit Danton und Desmoulins und Chabot auf dem Friedhof Errancis.

Die phantastische Oper dieses Lebens braust von Furioso zu Furioso, so daß man sie von hinten nach vorn spielen kann, mit dem Schlußakkord des Finales, der Beerdigung des Helden, beginnen und mit dem Auftakt der Ouvertüre, der Familiengeschichte, enden.

DES PARCHKOPFS ZÄHMUNG

Ob ich euch erzählen kann, wie das eigentlich war mit dem Börsenrat Samek, weshalb der damals plötzlich in eurer Wohnung auftauchte und bei euren Nachbarn?

Ob ich's euch erzählen kann! Gewiß kann ich's euch erzählen, aber ich weiß nicht, ob es die anderen interessiert, jene, die nicht einmal wissen, wer der Börsenrat Samek ist, geschweige denn ... Wie? ihr alle kennt seinen Namen, er sei so berühmt? Habt ihr aber auch von Mendele Mändl gehört?

Seht ihr, von dem habt ihr, die ihr nicht aus Großmeseritsch seid, noch nie etwas gehört. Mich nimmt beides nicht wunder: weder daß ihr den Börsenrat Samek als berühmt bezeichnet, noch daß euch Mendele Mändl unbekannt ist.

Börsenrat Samek ist ja der reichste der „Marischen" – so nennen die böhmischen Juden mit einem Unterton von Geringschätzung ihre mährischen Glaubensgenossen –, er ist Inhaber der Dampfmühle Bergmann, Neugröschl, Pacovsky & Comp. in Großmeseritsch, hat alle Bergmanns, Neugröschls, Pacovskys und die ganze Kompanie aus der Mühle hinausgedrängt, sie gehört ihm allein, und die Wiener Produktenbörse tanzt nach seiner Pfeife.

Mendele Mändl dagegen, Mendele Mändl ist nicht berühmt. Nur die von euch kennen ihn, die aus der Großmeseritscher Bezirkshauptmannschaft stammen, und die hätten nie gefragt, warum Mendele Mändl in ihrer Wohnung erschienen ist und bei ihren Nachbarn, obwohl sie gefragt haben, warum Börsenrat Samek damals bei ihnen und ihren Nachbarn erschienen ist.

Mendele Mändl erscheint nämlich pünktlich zu seiner Stunde in den Wohnungen, und nicht viele Untertanen des Großmeseritscher Bezirkshauptmanns werden sich, sofern sie mosaischer Konfession sind, rühmen können, daß sie Mendele Mändl mit leeren Händen aus ihrem Haus abziehen ließen.

Der Schnorrer Mendele Mändl ist in seiner Art ebenso tüchtig, wie es der Börsenrat Samek in der seinen ist, und deshalb ist auch der arme Mendele Mändl bei weitem nicht so arm wie der reiche Börsenrat Samek reich ist. Allerdings: wenn er selbst so arm wäre, wie der Börsenrat Samek reich ist, er wäre dennoch unberühmt. Durch Armut wird man niemals berühmt – um berühmt zu werden, muß man eben reich sein oder etwas Besonderes geleistet oder etwas erfunden haben, eine wenn auch nur unfruchtbare Sache, wie zum Beispiel jener Onan, dessen Name noch nach so vielen tausend Jahren bekannt ist.

Nun aber wird es Zeit, euch darüber aufzuklären, wieso es kam, daß Börsenrat Samek damals in eurer Wohnung auftauchte, und was das mit Mendele Mändl zu tun hat.

Mendele Mändls Sohn hatte in Wien den Doktor gemacht und lebte dort als Advokaturskonzipient. In Wien wohnte auch Fräulein Ellen Samek. Sie war hingekommen, um die Schwarzwaldschule zu besuchen, wie es sich für eine höhere Tochter aus gutem jüdischem Hause schickt, und trieb dort Mensendieck und Sport, wie es sich insbesondere für eine höhere Tochter aus gutem jüdischem Hause schickt, die sehr korpulent ist. Neunzig Kilo wog sie, entschieden zuviel, auch für eine höhere Tochter aus gutem jüdischem Hause. Daß ein Millionär sein einziges Kind nicht in Großmeseritsch versauern läßt, sondern die Tochter in die Großstadt schickt, damit sie tüchtig abmagere und von dort ihrem Vater einen entsprechenden Schwiegersohn heimbringe, das wird man durchaus begreiflich finden, aber die Feststellung, die ich jetzt hinzufügen will, werden viele von euch durchaus unbegreiflich finden und mir gleichzeitig den Vorwurf platter Banalität machen. Was hilft es, ich muß es aussprechen: In Wien lernten Dr. Alfons Mändl und Fräulein Ellen Samek einander kennen und lieben.

„Halt, halt", schreit ihr, ich habe es vorausgesehen, „wie, in Wien, einer Millionenstadt, sollen sich ausgerechnet zwei Menschen aus Großmeseritsch kennenlernen?! Warum hast du sie nicht in Großmeseritsch zusammengebracht, brauchst du denn Wien für den Fortlauf deiner Geschichte?"

Nein, ich brauche Wien nicht im geringsten für meine Geschichte. In so vielen Orten sie auch spielt, wie ihr gleich hören werdet, diese Orte gehören ausnahmslos zur Bezirkshauptmannschaft Großmeseritsch, und Wien liegt ganz woanders.

Meine Geschichte ist ferner gar nicht meine Geschichte, es ist die Geschichte von Ellen Samek und Dr. Alfons Mändl respektive deren respektiven Vätern, und daß die beiden jungen Leute einander in Wien statt in Großmeseritsch kennengelernt haben, ist eine Tatsache, an der ich nichts ändern kann.

Aber – und damit gehe ich aus der Defensive in die Offensive über –, aber die Tatsache, daß Ellen und Alfons ihre Bekanntschaft in Wien geschlossen haben, ist nicht nur eine zufällige Wahrheit, sondern auch die einzig mögliche Wahrheit. Wo denn hätten sie einander kennenlernen sollen? In Großmeseritsch etwa? Daß ich nicht lache! Dort, in der Enge des Raums, klaffen Abgründe von astronomischen Ausmaßen zwischen der Tochter des reichsten Mannes, des Kultusvorstehers!, und dem Sohn eines armen Mannes, des Bezirksschnorrers! – niemals kriegt sie ihn zu sehen, niemals er sie.

In Wien hingegen ist das nicht nur möglich, sondern auch selbstverständlich. Wenn man aus Großmeseritsch ist, hat man da eine ganze Menge von Freunden, mit denen man im Trebitscher Gymnasium zusammen war, diese ehemaligen Mitschüler wiederum haben Mädchen aus Boskowitz oder Göding geheiratet, die allesamt die Kusinen ... kurzum, es hätte mit dem Teufel zugehen müssen, wenn Ellen Samek und Dr. Alfons Mändl einander nicht in Wien gefunden hätten. Und da es – bis dahin – nicht mit dem Teufel zuging, haben sie einander eben gefunden.

Börsenrat Samek war ahnungslos. Ellen wagte es nicht, ihm ihr Verlöbnis zu gestehen. Was Mendele Mändl anlangt, wurde er gleichfalls lange im dunkeln gelassen; an sich hätte er nichts dagegen haben können, es war eine brillante Partie, obwohl er den Börsenrat Samek, wann immer er von ihm sprach, schlankweg „den Parchkopf" nannte. Ein Parch (schriftdeutsch: Parach) ist ein Grind, aber ein Parchkopf ist keineswegs ein mit Grind behafteter Kopf, sondern – parch pro toto – ein Mann, der, wenn er auf einen Gruß antwortet, den Hut nicht lüftet, als hätte er einen Grind zu verbergen; in Wirklichkeit hat er keinen Grind zu verbergen, in Wirklichkeit ist er nur dünkelhaft, ein Parchkopf.

Der junge Dr. Mändl in Wien wußte, daß sein Vater den Vater seiner Braut einen Parchkopf nenne, das aber war wahrlich kein Grund, Mendele Mändls Nichteinwilligung zu fürchten. Mendele Mändl war für die einander Versprochenen das kleinere Übel, wurde deshalb zuerst in das Geheimnis gezogen und übernahm es, den anderen zukünftigen Schwiegervater zu verständigen.

Im Büro von Bergmann, Neugröschl, Pacovsky & Comp., wo er sonst von irgendeinem Buchhalter sein wöchentliches Almosen in Empfang zu nehmen pflegte, verlangte Mendele Mändl eines Tages den Chef selbst zu sprechen. (Er sagte natürlich nicht „den Parchkopf", sondern „den Herrn Börsenrat".) Es handle sich diesmal nicht um eine Schnorrerei, er habe dem Herrn Börsenrat eine für diesen sehr wichtige Eröffnung zu machen.

Börsenrat Samek wurde, bei der für ihn fürwahr sehr wichtigen Eröffnung, krebsrot, er maß Mendele Mändl mit Wut und Ekel und warf ihn hinaus.

„... warf ihn hinaus." Das sagt sich so! Man nennt es jemanden hinauswerfen, wenn man ihm zum Beispiel keine Antwort auf eine Frage gibt, man „wirft hinaus", indem man einfach aufsteht und damit bedeutet, daß das Gespräch beendet ist, man „wirft hinaus", indem man dem Besucher die Tür weist, man „wirft hinaus", indem man ausruft: „Schauen Sie, daß Sie hinauskommen."

Auf keine dieser Arten hat Börsenrat Samek den Mendele Mändl hinausgeworfen. Er hat ihn wirklich hinausgeworfen. Er packte, er, der Parchkopf, der sich sonst niemals durch die Berührung eines Schnorrers beschmutzte, er packte den kleinen Mendele Mändl bei beiden Schultern, schleuderte ihn gegen die Tür, riß sie auf, spuckte ihm ins Gesicht. „Schnorrer", schrie er, „Schnorrer", spuckte er und stieß Mendele Mändl mit Händen und Füßen gegen die Treppe, daß Mendele Mändl hinabsauste, ein Wunder, daß er sich nicht beide Beine brach.

Nicht befriedigt davon, seinen Besucher die Treppe hinuntergestoßen zu haben, riß Börsenrat Samek das Fenster auf und befahl dem Pförtner, während Mendele Mändl japsend und bebend im Hof seine Gliedmaßen auf allfällige Brüche besah und den Speichel vom Gesicht wischte, diesen Schnorrer beim Genick zu packen und aus dem Hof zu werfen und den Hund von der Kette loszubinden, wenn sich dieser Schnorrer, dieser Schnorrer noch einmal in der Fabrik (Samek nannte seine Mühle nur „Fabrik") zeigen sollte.

Mendele Mändl war draußen aus der Fabrik. Er ballte die Fäuste, er knirschte: „Parchkopf", aber Börsenrat Samek hörte das nicht, er hatte das Fenster schon zugeschlagen, und für die Angestellten, die neugierig hinabschauten, bildete das Wort „Parchkopf" keine Sensation, sie nannten, wenn sie unter sich waren, ihren Chef ebenso.

Knall und Fall wurde nach Wien an die beiden Urheber dieses Vorfalls weitergeleitet, was sich zwischen deren beiden Urhebern, ihren Vätern, heute in Großmeseritsch abgespielt hatte.

Mendele Mändl berichtete brieflich. War Schreiben auch sonst nicht seine starke Seite (es gibt auch Schreibschnorrer, zu denen aber gehört er nicht), so zitterte in ihm, als er seinem Sohn den Verlauf der Intervention schilderte, die Erregung dermaßen nach, daß die Buchstaben durcheinandertaumelten.

Ja, Mendele Mändl war furchtbar aufgebracht. Warum? Weil er hinausgeworfen worden war? Die Tätigkeit eines Schnorrers verlangt, ähnlich der eines Boxers, die Fähigkeit des Angehens und die des Einsteckenkönnens. Unter dem Begriff Einsteckenkönnen ist natürlich nicht das Einstecken der Almosen gedacht, nein, Einsteckenkönnen bedeutet beim Schnorren, Beleidigungen und Erniedrigungen einschließlich der Hinauswürfe zu ertragen. Mendele Mändl besaß diese Fähigkeit, in seinem langen Leben hatte er reichlich Gelegenheit, sie zu erwerben und zu erproben.

Daß er heute einen Hinauswurf mehr erlebt hatte, war es also nicht, was ihn in Wut versetzte. Möglicherweise – das läßt sich allerdings nicht aus dem Brief ersehen, und ich gebe diese Vermutung nur als Vermutung wieder –, möglicherweise kränkte er sich, weil er bespuckt und hinausgeworfen worden war als privater Besucher, als Brautwerber für seinen Sohn, einen Doktor, einen Doktor beider Rechte, einen Doktor in Wien!

Dazu kommt noch ein anderes Motiv. Und für dieses finden sich sowohl in dem Brief als auch im weiteren Verhalten Mendele Mändls einige Anhaltspunkte. Er fühlte sich beleidigt, weil sein Beruf beleidigt worden war, dem er so lange anhing und der es ihm ermöglicht hatte, seinen Sohn studieren und zu einem Doktor, einem Doktor beider Rechte, einem Doktor in Wien werden zu lassen. Es mag übertrieben klingen, aber es ist doch so: Wenn Samek, dieser Parchkopf, ihn einen Gauner, einen Erpresser, einen Wegelagerer, ja wenn er ihn einen *schmierigen* Schnorrer, einen *elenden* Schnorrer genannt hätte, statt ihn immer und immer wieder nur als Schnorrer schlechthin zu bezeichnen, wäre Mendele Mändl bei weitem nicht so wütend gewesen.

Aus diesem Grunde schimpfte Mendele Mändl in seinem Brief auf die Methoden, mit denen Samek sein Geld erworben habe. „Das könnte ich auch", schrieb Mendele Mändl, „das könnte ich auch, einmal in der Woche zur Körndlbörse zu fahren und die Leute zu begaunern! *Ich* könnte auch im Automobil herumfahren", schrieb Mendele Mändl, und damit hatte er recht, „ich könnte auch im Automobil herumfahren, wenn ich eines hätte. Ich habe aber kein Automobil", schrieb Mendele Mändl, „und muß treppauf, treppab zu Fuß laufen, um mir mein Brot zu verdienen", womit er gleichfalls recht hatte, wenngleich ihm ein Automobil gerade treppauf, treppab nichts genützt hätte. „Und da kommt so ein Parchkopf daher", schrieb Mendele Mändl, und damit hatte er unrecht, denn nicht der Parchkopf war daher-, sondern Mendele Mändl war dahingekommen – aber wir wollen die Behauptungen des Briefes und die psychologischen Gründe für des Briefschreibers Erregung nicht analysieren, wir wollen kurz und bündig sagen, was in dem Brief an Konkretem stand.

Das Konkrete war vornehmlich die Verfluchung von Samek, dem Parchkopf, bis ins zweite und dritte Geschlecht. Ihr versteht: Wenn sein Alfons Sameks Tochter heiraten würde, so heirate er nicht nur eine Verfluchte, sondern werde auch verfluchte Kinder zeugen. Nicht genug daran, reizte Mendele

Mändl den Sohn zur Zeugung einer solchen, im vorhinein vermaledeiten Nachkommenschaft auf, allerdings zu einer illegitimen, „mach ihr ein Kind und laß sie dann sitzen auf ihrem Riesentoches", also befahl sinnlose Rachsucht dem Sohn.

Noch unwiderruflicher als die Verwünschung dreier Generationen war die Mitteilung, die Mendele Mändl in dem Brief machte. Noch heute werde er zum Advokaten gehen, um die Klage gegen Samek einzubringen, „und wenn ich mein ganzes Gerstl zustecken sollte, so werde ich keine Ruhe geben, bis der Parchkopf ins Kriminal kommt und alle Zeitungen darüber schreiben".

Während Mendele Mändl diesen Brief schnaubte, raste Börsenrat Samek im Auto nach Wien. Ins Zimmer zu seiner Tochter tretend, sagte er: „Packe deine Sachen." Er fragte nichts, und da auch sie nichts fragte, war alles klar.

Vater, Tochter und Koffer fuhren gemeinsam nach Hause. Die Strecke Wien–Großmeseritsch ist hundertneunzig Kilometer lang, hundertneunzig Kilometer lang wurde kein Wort gesprochen.

Arge Wochen folgten, die Mendele Mändl größtenteils beim Rechtsanwalt verbrachte und in denen Ellen Samek zusehends abmagerte. „Zusehends" ist nicht das richtige Wort. „Erschreckend" wäre das richtige Wort. Hatten alle Abmagerungskuren, Diät und Mensendieck ihr nichts geholfen, so ging es jetzt so schnell, daß Börsenrat Samek, der diese Wirkung des Liebeskummers anfänglich nicht ohne geheimes Schmunzeln bemerkt hatte, sehr besorgt wurde.

Der herbeigeholte Arzt zerstreute die Befürchtungen keineswegs, im Gegenteil, er fand die Gewichtsverminderung abnormal und verordnete eine Mastkur. Dieser und dem Spruch zum Trotz, daß die Zeit alles heile, wurde Ellens Zustand immer schlimmer, immer schlimmer, von den 90 Kilo Nettogewicht waren nur 68,3 da (man wog Ellen jetzt aufs Gramm genau).

Was blieb dem Börsenrat Samek, der sein einziges Kind nicht an Auszehrung sterben lassen wollte, anderes übrig, als nach Wien zu fahren, um mit einer großmütigen Geste Ellens Verlobtem das väterliche Einverständnis zu gewähren. Zwar zeigte sich Dr. Alfons Mändl darüber erfreut, doch war es eine schmerzliche Art von Erfreutheit. Dr. Alfons Mändl erklärte, unmöglich könne er seinen alten Vater, der sich zeitlebens für ihn jeden Heller vom Munde abgespart hatte, vor den Kopf stoßen, unmöglich sich dessen Willen widersetzen. Er fürchte des Vaters Starrköpfigkeit, der sicherlich selbst im Falle einer Heirat von dem Prozeß nicht Abstand nehmen, vor keinem Skandal zurückschrecken werde.

Mit großer Wärme, aber ohne große Hoffnung versprach Mändl junior, nochmals zu seinem Vater zu fahren, ließ aber darüber keine Zweifel aufkommen, daß er ohne dessen Einwilligung nicht zu heiraten wage.

Mendele Mändl blieb unerbittlich und ließ Alfons, seinen Sohn und Doktor beider Rechte, unverrichteterdinge abreisen. Ellen wog 53,4. Börsenrat Samek, der Parchkopf, mußte sich bequemen, Mendele Mändl aufzusuchen. Der legte los, aber Börsenrat Samek hörte des Gemeindeschnorrers Toben mit Himmelsgeduld an.

„Nun gut. Und welches sind Ihre Bedingungen, Herr Mändl?"

„Meine Bedingungen?" rief Mendele Mändl, und ein triumphierendes Funkeln in seinen Augen verriet, wie sehr er seit seinem Hinauswurf diese Frage ersehnt und daß er sich auf ihre Beantwortung vorbereitet hatte. „Meine Bedingungen wollen Sie wissen?"

„Ja."

„Ich hab nur *eine* Bedingung. Wollen Sie sie wissen?"

„Ja."

„Meine Bedingung ist: daß Sie einen Tag lang schnorren gehn, wie ich es machen muß seit vierzig Jahren, von acht Uhr früh bis sechs Uhr abends. Wenn Sie zwischen Großmeseritsch und Goltsch-Jenikau einen Tag lang schnorren werden, von acht Uhr früh bis sechs Uhr abends, kriegt Ihre Tochter meinen Sohn, den Doktor. Sonst nicht, das schwör ich beim Leben von Alfons."

Das war zuviel. Börsenrat Samek, sosehr er sich vorgenommen hatte, auf alles einzugehen, wandte sich brüsk um und ging.

Erst beim Stand von 46,1 Kilo suchte er von neuem Mendele Mändl auf und erklärte: „Ich bin einverstanden."

Am nächsten Tag fand jener Gang statt, nach dessen Sinn ihr gefragt habt, - ihr seid nicht die ersten, die darnach fragen; die Bewohner der Großmeseritscher Bezirkshauptmannschaft ergingen sich über diesen Gang des Börsenrats Samek in Vermutungen, als schon der Weltkrieg wahrlich genug anderen Gesprächsstoff bot. Pünktlich um acht Uhr morgens trat Börsenrat Samek an. Mendele Mändl begleitete ihn, um ihn zu kontrollieren. Er bezeichnete ihm die Häuser, wo Juden wohnten und die nun der neue Schnorrer „machen" sollte.

Wie ein Zuhälter, der darauf aufpaßt, ob seine Geliebte ihrem Geschäft auch wirklich mit Eifer nachgeht, lauerte Mendele Mändl immer an der nächsten Ecke, daß der Parchkopf keines der Häuser auslasse.

Wohl oder übel mußte Börsenrat Samek eintreten. Der Hausherr, devot, entschuldigte sich, daß die Wohnung noch nicht aufgeräumt sei, aber Samek, noch devoter, unterbrach die Entschuldigung mit den Worten, er komme schnorren. Zuerst verstand der Hausherr nicht, lächelte, glaubte an einen Witz, aber der Schnorrer Samek begann - so war er von Mendele Mändl instruiert - in bewegten Lügen sein Leid zu klagen. Pleite sei die Mühle, alles beschlagnahmt, er habe keinen Bissen Brot mehr für sich und, hier hatte Samek Tränen zu vergießen, für seine Tochter. Jede Gabe sei ihm recht, „schenken Sie mir, bitte, ein paar Sechserl, Gott wird es Ihnen lohnen".

Soso? Jetzt ging's los. Anfragen und Anklagen erhoben sich gegen den Börsenrat, daß er hätte in den Boden sinken mögen, wäre das nicht der Vereinbarung zuwidergelaufen.

„Soso? Sind Sie jetzt endlich ein Schnorrer? Hätten Sie mir vielleicht etwas gegeben, wenn ich zu Ihnen gekommen wäre, als Sie noch reich waren? Nicht einmal vorgelassen hätten Sie mich! Sie haben mir die Kultussteuer erhöht, weil meine Frau bei einer Brünner Schneiderin arbeiten läßt. ‚Soll sich Ihre Frau die Toiletten in Großmeseritsch machen lassen', haben Sie gesagt, als ich gegen die Steuererhöhung rekurrierte. Nicht einen Kreuzer gebe ich Ihnen, so wahr ich lebe."

In jedem Haus, das der Adept der Schnorrerei „machte", bekam er andere Vorwürfe zu hören, nur der Refrain war immer der gleiche: Nicht einen Kreuzer gebe ich Ihnen, so wahr ich lebe. „Jedes Frühjahr borge ich den Bauern Geld für die Feldarbeiten und mache mir Sorgen, ob ich es zurückkriegen werde – aber im Sommer, natürlich nur wenn die Getreidepreise hoch stehen, kommt sich der Herr Börsenrat Samek gegangen mit seinen gebügelten Hosen und gibt dem Bauer Geld, daß er mir den Vorschuß zurückzahlen kann, und kauft die Ernte selber. Nicht einen Kreuzer gebe ich Ihnen, so wahr ich lebe."

Also schworen sie, aber wenn sie diesen Schwur nicht selbst mit einem Griff in die Tasche begleiteten und dem verhaßten Samek ein Geldstück hinwarfen, so gab die Hausfrau das Almosen, um einerseits den Gatten nicht meineidig werden zu lassen, andererseits weil ihr ein verarmter Fabrikant weit mehr des Mitleids wert schien als ein geborener Schnorrer. So wird es auch bei euch gewesen sein und bei euren Nachbarn, als Börsenrat Samek damals in eure Wohnung kam.

Nach und nach stumpfte Samek ab, empfand es nicht mehr so schmerzlich, wenn der Angeschnorrte ihn beschimpfte. Dennoch wurde Samek blaß, als er in Jeslowitz vor Max Pacovsky stand. Max Pacovsky war der Bruder eines früheren Mitinhabers von Bergmann, Neugröschl, Pacovsky & Comp., er war fast dreißig Jahre in der Mühle tätig gewesen, davon zehn Jahre lang, nachdem sein Bruder schon aus der Firma herausgebissen worden und Börsenrat Samek der Alleininhaber war. Eines Tages aber hatte Börsenrat Samek den Max Pacovsky grundlos und fristlos entlassen, um ein Protektionskind an seine Stelle zu setzen.

Max Pacovsky sagte: „Ich verachte Sie, weil Sie ein gemeiner Ausbeuter sind. Ich hätte damals gerne mein letztes Geld geopfert, um Sie zu verklagen, aber ich habe gewußt, daß es einem reichen Mann nichts schadet, wenn man ihn verklagt."

„Jetzt bin ich ein armer Mann, Herr Pacovsky. Schenken Sie mir, bitte, ein paar Sechserl, Gott wird es Ihnen lohnen."

„Ich schenke Ihnen keinen Neukreuzer. Aber ich leihe Ihnen zehn Kronen zu fünf Prozent. Da haben Sie das Geld, schreiben Sie mir eine Quittung."

„Ich kann mir nichts ausborgen, Herr Pacovsky, ich kann es Ihnen ja nicht zurückgeben. Schenken Sie mir etwas, ich bin ein Schnorrer."

„Sie sind kein Schnorrer. Ein reicher Mann wird kein Schnorrer in dieser Welt, die Gauner lassen einander nicht fallen, und die Gauner haben das Geld. Erst wenn man einmal *allen* Gaunern das Geld weggenommen haben wird, dann werden Sie ein Schnorrer sein."

Unter anderen Umständen hätte Börsenrat Samek dem Max Pacovsky diese umstürzlerischen Reden schön eingesalzen, als Schnorrer aber durfte er nichts erwidern, als Schnorrer durfte er nur das Geld nehmen und die Quittung unterschreiben, und schon das war eigentlich mehr, als er als Schnorrer tun durfte.

Wenn ein Dorf „gemacht" war, traf Börsenrat Samek an der Peripherie Mendele Mändl, und der zog mit ihm zum nächsten. Ihn interessierte, wieviel Samek in dem und jenem Haus bekommen habe, und wiederholt schüttelte er anerkennend den Kopf.

„Mehr als *ich* dort verdiene."

„Wieviel pflegen Sie denn zu kriegen auf der Strecke, die wir jetzt gemacht haben, Herr Mändl?"

„In Brennporitschen verdien ich ungefähr drei Kronen, in Budwitz vierfünfzig, in Baritsch zwei, in Tscheboschitz auch zwei, das macht so neun bis zehn Kronen. Und wieviel haben Sie?"

Börsenrat Samek machte Bilanz: Er hatte vierundzwanzig Kronen und siebzig Heller eingenommen, davon waren allerdings zehn Kronen nur geliehen, das Geld von Max Pacovsky.

Sie gingen weiter. Schlechte Wege führen zwischen den mährischen Dörfern, insbesondere im Bereich der Großmeseritscher Bezirkshauptmannschaft. Samek mußte oft ausruhen, und Mendele Mändl wartete willfährig. „Im Automobil fährt sich's besser, was?" spottete er nur.

Der Vormittag verging, der heiße Mittag, die ersten Nachmittagsstunden, das Dorf Libschitz hatten sie hinter sich, siebenundzwanzig Kronen, dreißig Heller, beschämend erworbenes Geld klimperte in Börsenrat Sameks Tasche, aber Goltsch-

Jenikau liegt nahe, in einer Stunde wird es sechs Uhr sein, und dann ist die Prüfung vorbei.

Sie gehen den Hügel von Libschitz hinauf gegen Goltsch-Jenikau, es ist doch weiter, als man gedacht hat, der Weg ist steiler, als man gedacht hat, die Beine sind müde geworden.

Endlich sehen Samek und Mändl Goltsch-Jenikau zu ihren Füßen, eine Stadt, wo wohlhabende und wohltätige Juden wohnen, die Kirchturmuhr schlägt halb sechs, im Abendwind bewegt sich das Kornfeld und riecht nach weißem geflochtenem Samstagsbrot.

Mendele Mändl bleibt stehen, schöpft tief Atem. „Mechutn", sagt er, und „Mechutn" ist die Anrede eines Vaters an den Schwiegervater seines Kindes. „Mechutn", sagt er und streckt seine Rechte dem Mann entgegen, der ihn gedemütigt hatte und den nun er gedemütigt hat. Mit Rührung in der Stimme fügt er hinzu: „Wir gehen jetzt nach Haus, und unsere Kinder sollen heiraten und glücklich sein."

Börsenrat Samek ergreift die dargebotene Hand und schüttelt sie. Dann zieht er die Uhr aus der Tasche, überlegt ein Weilchen und schlägt vor: „Goltsch-Jenikau könnten wir wirklich noch machen."

DER KABBALISTISCHE ERZSCHELM

Es ist beileibe nicht bewiesen, daß er den um fünfzehn Jahre jüngeren Sabbatai Zewi ausdrücklich als Messias anerkannt, direkt zur Sekte der Sabbatianer gehört hat. Nehemia Chija Chajon war Abenteurer, Narr oder Schwindler auf eigene Faust.

Um 1650 ist er in Sarajevo geboren, aber er lügt bald den Ort seiner Geburt um, behauptet ein Safetianer zu sein oder Obergaliläer, auf der Wallfahrt seiner Eltern ins Heilige Land zur Welt gekommen. Neunzehnjährig taucht er wieder in Bosna-Serai auf, heiratet angeblich; gewiß ist, daß er an einem Sabbat die Sklavin eines gewissen Molina entführt.

In Valona nimmt man ihn einige Jahre später aus einer uns unbekannten Ursache fest, ahnungslos ernennt man ihn in Ueskübzum Rabbiner; bald seines Amtes entsetzt, verschwindet er aus Albanien, keineswegs jedoch vom Balkan; abermals erscheint er in seiner Geburtsstadt, dann in Belgrad, in Adrianopel, auch in Livorno und Saloniki, und geht am Ende des siebzehnten Jahrhunderts in die palästinensischen Städte. Als Bettler, Hauslehrer, Prediger, Kaufmann, Frömmler, Schwindler, Zauberer.

In Smyrna beginnt er 1708, an Hand eines sich sehr gelehrt gebenden Manuskripts, seine Tätigkeit als religiöser Propagator; der Smyrnaer Rabbi entlarvt ihn als Ketzer, und das Rabbinat von Jerusalem, wohin sich Chajon wendet, tut ihn in strengen Bann. Er wandert nun nach Ägypten und nach Italien, hat wenig Erfolg, obwohl die Venezianer Rabbinatsbehörde aus Schlamperei und mehr noch aus Angst, sich als Nichtversteherin der kabbalistischen Mystagogie bloßzustellen, seiner Broschüre „Raza di Jehuda" ihr Placet erteilt; diese Schrift aber lehrt eine Trinität (vom heiligen Uralten, vom heiligen König und der Dame Schechina) und läuft dem Geist des Judentums polar zuwider; der Autor hat es mit spielerischem Zynismus gewagt, den Anfang des zotigen Gassenhauers „la bella Margherita" in seine neue Lehre zu verflechten. Aus Venedig, Rom und Ancona muß er flüchten und aus Livorno, wo ihn Joseph Ergas, selbst ein Kabbalist, entlarvt.

Also nirgends hat er sich behaupten können, am Balkan wurde er auf unlauteren Wegen ertappt und verfolgt, in Afrika hat man ihn gefühlsmäßig durchschaut, in Kleinasien verstandesmäßig überwiesen, aus Italien vertrieben. Wo kann der wanderlustige Abenteurer noch sein Glück versuchen? In Prag.

Prags Juden sind seltsam. Hier mischt sich Wissen mit Mystik, in keiner so weit nach Westen vorgeschobenen Gemeinde prägt sich die Identität von Glauben und Aberglauben deutlicher aus. Hier ist David Oppenheim Oberrabbiner, in den Dunstkreis der Kabbala eingesponnen und bibliophilen Neigungen hingegeben (seine Bibliothek ist heute der Kern der „Bodleyana" in Oxford), und der Kabbalismus seines Sohnes Josef Oppenheim ist noch weniger kritisch. Auch Naphtali Kohen hat in Prag ein Refugium gefunden, betreibt die Beschwörungskabbalistik, und in seiner Rabbinatswohnung hängt als Talisman gegen Feuersgefahr ein mit Kritzeleien gefüllter Hirschkopf.

Es treffen sich sonderbare Schwärmer aus böhmischen Provinzstädten und aus Mähren, wo Landeshauptmann Graf Dietrichstein Kundmachungen gegen die Ausschreitungen des Sabbatianismus vergeblich erlassen hat und die messianische Narretei noch immer epidemisch ist. Sehr gelehrt und geehrt ist in Prag der junge Jonathan Eibeschütz, der später durch kryptosabbatianischen Hokuspokus die Judenheit der Welt in Aufregung versetzen wird. Löbele Proßnitz hat den Namen Gottes in Rauschgold auf die Brust geklebt und mit phosphoreszierender Substanz beschmiert; in dunklen Konventikeln entblößt er den Busen, und wie früher die mährischen Landjuden staunen jetzt die Prager das leuchtende Wunder an. Mose Gerson Kohen aus Mitau taucht auch in Prag auf, studiert bei Eibeschütz den Talmud, wird sich bald taufen lassen, in Helmstädt den Namen Karl Anton annehmen und nun vom christlichen Standpunkt aus die Schwindelamulette gutheißen, die sein ehemaliger Lehrer Eibeschütz gegen Kindbettfieber ausgestellt hat.

Nicht weniger als einundsechzig Jahre alt ist der ewig wandernde, ewig vertriebene und ewig zu neuer Aventiure aufgelegte Nehemia Chija Chajon, da er – Oktober 1711 – in Prag eintrifft, diesem Hexenkessel des religiösen Okkultismus und der Schmockerei. Nur wenige Tage will er sich aufhalten, möglichst rasch die Rückreise nach Palästina antreten.

Aber er bleibt mehr als ein halbes Jahr. Warum auch nicht? Wird er doch im Haus des Oberrabbis aufgenommen, und da der Vater meist auf Reisen ist, überhäuft dessen enthusiasmierter Sohn Josef Oppenheim den „palästinensischen Sendboten" mit Huldigungen und Aufmerksamkeiten. Und für den geistigen Kredit sorgt Naphtali Kohen: Er gibt den sophistischen, gegen den Sinn des Judentums verstoßenden Predigten, deren Niederschrift Chajon innerhalb dreier Prager Monate vollendet hat, eine Empfehlung.

Auch David Oppenheim stellt am 9. Februar 1712 dem Buch seine Approbation aus, obwohl er das dicke Manuskript hebräischer Kursivschrift und mystischen Dunkels noch weniger studiert hat als Naphtali, der schon am 4. November 1711 dem Neuankömmling für ein anderes, viel ketzerischeres Buch, den „Eser Lelohis", ein panegyrisches Vorwort geschrieben hat. (Selbst hohe Autoritäten fühlen sich geehrt, wenn sie gedruckt auf der ersten Seite eines Buches figurieren; und eine Approbation ist – ebenso wie eine zustimmende Kritik – viel bequemer als eine Ablehnung, die man erst genau begründen muß und die nur Feindschaft einträgt.) Im gegebenen Fall ist Naphtali Kohen nicht bloß geschmeichelt, sondern auch von der außergewöhnlich vitalen Persönlichkeit und dem schlagfertigen Sarkasmus dieses Cagliostro geblendet.

Wie alle Welt in Prag. Chajons Predigten erfreuen sich strömenden Zulaufs von weit her, besonders die Jugend schwärmt für den witzigen Rhetor und seine okkulten Metaphern; zwischen den Zeilen seiner Reden deutet er Blasphemien von jener Art an, wie sie von der Witwe Sabbatai Zewis, von dessen angeblichem Sohn Jakob Querido-Zewi und ihrem Kreis zu Saloniki verbreitet werden: Die Sündhaftigkeit der Welt könne nur durch ein Übermaß von Sünde überwältigt werden.

Durch einen aus Venedig mitgebrachten Famulus läßt Chajon seinen Prager Getreuen unter dem Siegel der Verschwiegenheit erzählen, er könne die Gottheit zwingen, sich ihm zu offenbaren, er verkehre mit dem Propheten Elias und mit der Schechina, dem weiblichen Mitglied der von ihm behaupteten Dreieinigkeit, er habe die Macht, Tote zu erwecken und neue Welten zu schaffen. Es finden sich viele, die vieles davon glauben, so daß Chajon offen auftreten, für hohe Honorare Amulette verfassen und in fröhlicher Gemeinschaft L'homber spielen kann.

Viele Monate weilt er bereits in Prag, bevor Naphtali Kohen auf seine Schliche kommt, aber Nehemia Chija Chajon denkt gar nicht daran, die einmal erlangte Approbation seiner Bücher gutwillig herauszugeben, und auf die Vorwürfe wegen des Verkaufs von Amuletten und wegen seiner Gotteslästerungen hat er nur Dreh und Prahlerei zur Antwort. Er kann die Protektion des Rabbi Naphtali schon entbehren, er hat Anhang genug.

Retabliert und akkreditiert verläßt er im Frühjahr 1712 Prag, fährt nach Wien, Nikolsburg, Proßnitz und über Schlesien nach Berlin. Hier läßt er seine Bücher mit den in Prag erschlichenen Empfehlungen drucken und siedelt sich in Amsterdam an, um Kampf und Ausschreitungen zwischen der portugiesischen und der deutschen Gemeinde zu entfesseln; der deutsche Rabbi Zewi Aschkenasi, genannt Chacham Zewi, und der jerusalemitische Talmudist Mose Chages haben gegen die Schriften Chajons, der inzwischen von der portugiesischen Gemeinde ehrenvoll aufgenommen wurde, den Bannstrahl geschleudert. Das portugiesische Rabbinat vermutet hinter diesem Urteil Konkurrenzneid, Gehässigkeit und Einmischung, spricht Chajon von den Beschuldigungen frei, überhäuft ihn provokativ mit Huldigungen, entzieht dem Mose Chages und seiner Familie alle Subsistenz, verbannt und verjagt ihn und hetzt gegen Rabbi Chacham Zewi, und der muß gleichfalls von dannen.

In diesem, die Judenheit dreier Weltteile aufwühlenden Fraktionskampf machen sich die Beziehungen, die sich Chajon in Böhmen und Mähren erworben, stark geltend. Aber nicht zu seinen Gunsten. Zeitlich und räumlich hat man nun Distanz zu ihm gewonnen, die unmittelbare Wirkung seiner gewiß suggestiven Persönlichkeit macht kritischer Erinnerung Platz, und man erkennt in Prag, mit wem man es zu tun gehabt. Aus Nikolsburg trifft der Bann gegen ihn ein. Naphtali Kohen legt in einem Sendschreiben dar, daß er seine Approbation längst bedauert habe, schildert die Schliche Chajons, seine Niederträchtigkeiten und Blasphemien. Auch David Oppenheim, der Oberrabbi Prags, erklärt, er mißbillige Chajons Ketzerei. 1714 reist Chajon aus Amsterdam ab und treibt sich jahrelang im Morgenland umher.

Während der Zeit seiner Abwesenheit setzt in Podolien eine große sabbatianische Agitation ein, die hauptsächlich nach Böhmen und Mähren Kuriere sendet, um neue Anhänger für ihren messianischen Glauben zu werben und mit den alten Anhängern in Fühlung zu treten. Ein solcher ist Löbele Proßnitz, der noch immer den phosphoreszierenden Gottesnamen auf seiner inzwischen gealterten Brust trägt, und ein solcher soll auch Rabbi Jonathan Eibeschütz in Prag sein. Als aber der Plan der großen sabbatianischen Restauration verraten wird und sich das bibeltreue Judentum vehement zur Abwehr rüstet, spricht Jonathan Eibeschütz im Verein mit anderen Rabbinern und Tempelvorstehern am 16. September 1725, dem Vorabend des Versöhnungstages, in der Synagoge den Bann über die Sabbatianer aus.

Das ist wahrlich eine sehr schlechte Zeit für Nehemia Chija Chajon, der eben – er ist schon mehr als fünfundsiebzig Jahre alt – zu Schiff wieder nach Europa gekommen ist, sein Glück von neuem zu versuchen. Es scheint, daß dieser ungebrochen tatkräftige und noch immer lebenslustige Greis den Plan hegt, Haupt der Sabbatianersekte zu werden. Um vor Verfolgungen sicher zu sein, geht er zuerst nach Wien, erlangt mit Hilfe christlicher Beziehungen Zutritt zur Kaiserburg und deutet an, daß er durch seine Lehre von der Dreieinigkeit die Juden zum Christentum bekehren wolle; manchmal gibt er sich als Mohammedaner aus. Es gelingt ihm, einen Schutzbrief vom Hof Karls VI. zu erlangen, und in vierfacher Maske durchstreift nun dieser leibhaftige Ahasver Europa: als Türke, als Proselytenmacher für den Katholizismus, als sabbatianischer Thronprätendent und als rechtgläubiger Rabbi. Eine Geliebte mit sich führend, erscheint er in Mähren und sucht Anhang. Erfolglos.

Die Prager, die ihn einst so gefeiert, verweigern ihm den Eingang ins Ghetto. Bloß die Gattin des Jonathan Eibeschütz und dessen Schwiegermutter bringen ihm Speisen auf die Straße, um ihn vor dem Verhungern zu schützen. Chajon läßt Eibeschütz bitten, seine Aussöhnung mit der Judenheit in die Wege zu leiten, aber er erhält nichts als den Rat, sein Wanderleben einzustellen.

Weiter zieht der jüdische Bosniak, bettelnd und hungernd schleppt er sich nach Hannover, wo man seine Papiere konfisziert, nach Berlin, wo er mit seiner Taufe droht, nach Amsterdam, wo man ihn ächtet und verbannt, nach Altona, wo der von ihm und seinen Amsterdamer Anhängern einst bis aufs Blut verfolgte Mose Chages als Rabbi lebt. Schließlich kehrt er in den Orient zurück. Irgendwo in Nordafrika stirbt er, nach sechsundsiebzig Jahren eines Lebens, das unruhvoller und unruhstiftender war als je ein anderes.

Sein Sohn, getauft, tritt später in Rom als sein Rächer auf, beschuldigt das Judentum der Christenfeindschaft und zieht Juden und Judenbücher vor die Inquisition – hüben wie drüben gibt die Religion einem Schelm Gelegenheit zum Ausleben seiner Gelüste.

DER TOTE HUND
UND DER LEBENDE JUDE

Steif, von braun-runzliger Haut umhüllt, streckte sich den Knien der kleinen Kamilla ein menschlicher Nacken entgegen. Da sie plötzlich erschrak und ihr Kleid hinunterschob, sah ich diesen fremden Körper und habe ihn nie vergessen. Es ist lange her, seit diese Begegnung die ersten Regungen meiner Pubertät erschreckte. Das Jahrhundert hatte kaum begonnen. Die kleine Kamilla war fünfzehn Jahre alt, zwei oder drei Monate jünger als ich. Im Stadtpark, wo wir uns nach der Rückkehr aus der Sommerfrische zunächst unverabredet und dennoch nicht zufällig getroffen hatten, konnte man nicht küssen oder nur schwer, und im Paradiesgarten gab es zwar keine Mütter, Mitschülerinnen oder andere Bekannten, aber doch Erwachsene genug, die ein Liebespaar derart kleinen Formats impertinent belächelten.

Damals fanden wir uns den Judenfriedhof. Die Menschen hier belächelten und beklatschten schon lange niemanden mehr, sie waren tot, selbst die Würmer, die sich einst von ihnen genährt hatten, waren längst in Atome zerstäubt.

Äste, überhängend und verfilzt, geneigte Steine, Grabhügel und gemeißelte Sarkophage schlossen sich zu schützenden Verstecken zusammen. Im westlichen Teil, dem unwegsamsten, wirrsten der Totenstadt, stand eine Steinbank, auf der es sich besser sitzen ließ als auf der feuchten Friedhofserde oder den kalten Grabplatten. Dort haben die kleine Kamilla und ich das Gelöbnis der ewigen Treue mit primitivem Petschaft, den Küssen von Halbwüchsigen, besiegelt. „Laß mich fühlen, wie dein Herz klopft", habe ich gesagt, weil diese Phrase in einem Roman vor einer Zeile vielsagender Gedankenstriche stand. Die Gedankenstriche in jenem Buche haben sicherlich entscheidendere Vorgänge angedeutet, aber anders als durch Gedankenstriche ließe sich auch das schwerlich erzählen, was zur Zeit unserer Pubertät auf der versteckten Bank geschah.

Uns störten die Hände nicht, die die Grabsteine der Hohepriester entsetzt-abwehrend von sich streckten. Uns redeten die Steine nicht, nicht das Gebein darunter und nicht die Gottheit, die mit unverständlichen Zeichen beschworen war. Wir waren allein.

An jenem Tage mit der kleinen Kamilla war draußen Regen gewesen, und auf dem Friedhof war er noch. Er klammerte sich ans Gestrüpp und an die Dolden, bevor er den letzten Rest seines Sturzes tat, wenn ein Windhauch ihn anstieß, und vor den silbern schimmernden Grabsteinen starb er in die Erde. Pfützen verlegten unseren Weg, die Bank war naß, ich opferte mein Taschentuch, um sie zu trocknen, und meinen Paletot, damit Kamilla sich darauf setze.

Ein Baumstrunk, kaum zwei bis drei Schritte vor uns, blieb unbeachtet, wir begannen mit den Küssen, mit meiner Untersuchung ihrer Herztätigkeit, und meine Hand schob ihren kurzen Mädchenrock über das Knie und streichelte die Haut, als Kamilla zusammenfuhr und ihren Rock hinabzerrte, mit entsetzten Augen, deren Richtung die meinen folgten. Da sah ich den Nacken, diesen unflätigen Nacken mit der gebräunten, runzligen Haut, gerichtet auf Kamillas Knie. Der Baumstrunk war kein Baumstrunk, er war ein Mensch. Vor einem schwarzsteinernen Sarkophag, auf dessen Flächen das seichte Relief der Quadratschrift feucht schimmerte gleich flüssigem Zinn, stand er und betete. Jetzt hörte ich auch die fast lautlos gemurmelte Litanei; er unterbrach sein Gebet nicht, während er mit gerecktem Hals die jugendliche Frivolität eines Liebespaars belauerte, während sein Blick die Waden Kamillas abwärts strich und sich dann wieder emporriß. Kamilla sprang auf, ich hielt sie nieder, fortzulaufen kam mir dumm vor. Ich redete zu ihr, forciert und Belangloses, und schielte auf den Mann.

Sein weißes Haar, kleingelockt wie Wolle, stand unter dem schäbigen, flachen Velourhut ab. Kaum ein Drittel seines Gesichts war mir sichtbar, die gierige Pupille, die Wölbung eines Tränensacks, die Spitze der vorspringenden Nase und der zerzauste, ungestutzte Rand des grauen Spitzbarts auf gegerbter Wange. Wie aus Büffelleder war die Hand, die in den Rhythmen des Gebets schaukelte. Der Mann war ein Greis, aber sein Körper war nicht der eines Greises. Eine schwarze Tuchhose lag prall an seinen Schenkeln und glänzte tranig, unten steckte sie in hohen Stiefeln. Vom Rist bis zum Schritt schienen die Beine, sehnige, junge Beine, gleich breit, erst in der Höhe der Beckenknochen verjüngten sie sich unnatürlich, die Hüfte war schmal. Der Mann trug weder Kaftan noch Mantel, sein schwarzer Rock war ihm zu groß, selbst der Regen hatte ihn nicht an den Leib zu pressen vermocht; die Breite der Schultern gab dem Oberkörper die Form eines Dreiecks. In der linken Hand des Alten, die ich nicht sah, baumelte ein Ledersack. Kamilla und ich wollten warten, bis er gegangen war. Aber er betete vertieft. So gingen wir. Erst nach etwa zwanzig Schritten wagten wir, hinter einem Stein verborgen, uns nach ihm umzusehen: Er war wieder Baumstamm, der braune dürre Ast stand hart in der Richtung auf uns. Ich sah sein Gesicht. Die Lippen bewegten sich im Gebet.

Sooft nachher Kamilla und ich uns irgendwo im Freien niederließen, bat sie mit gespielter Scherzhaftigkeit: „Schau nach, ob der Baum dort wirklich ein Baum ist."

Die Liebschaft ging vorbei und die Jahre, ich war doppelt so alt geworden, als ich an die Begegnung mit dem Alten erinnert wurde. Man schrieb Ende 1914, und das k.u.k. Infanterie-Regiment Nr. 11 lag in Ofutak bei Neusatz im Winterquartier. Von den Serben geschlagen und über die Donau zurückgejagt, sollten wir hier zu frischen Taten aufgepäppelt, neu ausgerüstet und diszipliniert werden. Allabendlich, ehe der diensthabende Offizier seinen Rundgang durch die Stadt machte, um Soldaten zu erwischen, die sich nach dem Zapfenstreich noch umhertrieben, nahm er einige Mann von der Bereitschaftswache zu seiner Bedeckung mit; einmal gehörte auch ich zur Patrouille.

Draußen, wo sich der Umriß der Ortschaft verlor, stand das „Kuppeleihaz". Der Offizier stellte von außen fest, welche Zimmer beleuchtet waren, denn in dem Augenblick, da eine Inspektion das Haus betritt, verlöschen immer alle Lichter, das weiß jeder, der nicht zum erstenmal Dienst macht. Diesmal war nur das rechte Eckzimmer hell, der Inspektionsoffizier trat mit uns ein, hörte nicht auf die Eide der Madame, daß kein

Soldat im Hause sei, er klopfte an die Tür des rechten Eckzimmers. „Aufmachen! Inspektion!" Ein nacktes Mädchen schloß ungeniert auf, ihr Gast war ein Zivilist, ein steinalter Jude, den wir gestört hatten. Der Offizier schaute sich im Zimmer um, als suche er doch noch einen versteckten Soldaten.

„Wie schmierig das Bett ist", sagte er, um etwas zu sagen.

„Ich habe auch nicht darin gelegen", verwahrte sich der Alte, an den der Satz nicht gerichtet war.

„Was machen Sie hier?" herrschte ihn der Offizier an, besann sich aber, daß diese Frage ziemlich überflüssig sei, und fügte hinzu: „Sind Sie aus Ofutak?"

„Ich bin ein Hausierer, ich komm schon viele Jahre her... mich kennt jeder Mensch in Ofutak, ich..."

„Also schauen Sie, daß Sie nach Hause kommen", schnitt der Offizier in seine Rede, „es ist Ausnahmezustand, nach zehn Uhr abends müssen alle Leute zu Hause sein, eigentlich sollte ich Sie verhaften."

„Kann ich nicht noch einen Moment bleiben", bat der Greis.

Der Offizier lachte. „Sie haben doch gesagt, daß Sie sich nicht in das schmierige Bett legen."

„Kérem szépen, der da legt sich nie in Bett, wann er mit Madel beisamm' ist", bemerkte die Madame, die scheu an der hinter uns offengebliebenen Zimmertür lauerte. Wir setzten den Dienstgang fort.

Den ganzen Abend lang dachte ich nach, an wen mich der Alte erinnere, diese braungegerbte Gesichtshaut, Kopf, Wange und Kinn beklebt mit weißem Negerhaar, dieser Körperbau von der Form einer Sanduhr, die starken sehnigen Beine in unternehmungslustigen Reiterstiefeln.

Erst am Morgen kam mir der Gedanke, der gestrige Bordellgast sei mit dem Baumstrunk des Ghettofriedhofs aus meiner Pubertätszeit identisch. Unsinn! Was hätte ein südungarischer Dorfhausierer in Prag zu suchen gehabt, und wie könnte ich ihn wiedererkennen nach so vielen Jahren? Kamilla ist längst verheiratet und Mutter, und der Mann, der uns belauscht hatte, war schon damals ein Greis gewesen; nein, die Identität des betenden Friedhofsgastes mit dem geilen Bordellbesucher konnte nicht stimmen. Aber ich erinnerte mich des gesteiften

Nackens, Stativ eines Blicks, der damals Kamillas Kleidchen emporzureißen schien. War nicht die gleiche Gier in dem Greis von heute nacht? Unmittelbar nach fatalem Interruptus, unmittelbar nachdem er der Gefahr, verhaftet zu werden, entgangen war, bat er um die Bewilligung, sein Schäferstündchen zu vollenden.

Wäre ich in Ofutak dem Alten auf der Straße begegnet, hätte ich ihn angesprochen, aber es mußten wieder zehn Jahre vergehen, ehe ich ihn auf dem Prager Judenfriedhof wiedersah. Im ersten Augenblick glaubte ich an eine Halluzination. Er stand da und betete da, wo Kamilla und ich ihn vor einem Menschenalter stehen und beten gesehen. Ganz scharf schaute ich hin: Kein Zweifel, es war der Hausierer von Ofutak.

Ich ging wie zufällig an ihm vorbei und redete ihn an. „Ich wollte Sie nur aufmerksam machen, daß der Friedhof gleich gesperrt wird." – „Ich werde schon hinauskommen, die Tür in den Hausflur bleibt offen." Dennoch beendete er sein Gebet, wählte aus dem Sack, den er in der Hand trug, sorgsam ein Steinchen und legte es auf das dreihundertjährige Grab. „Ein Stein aus Jerusalem", sagte er, mich musternd. „Das ist das Grab von Medigo del Kandia, nicht wahr?" – „Wieso wissen Sie das? Sind Sie von der Chewra?"

Nein, ich sei nicht von der Beerdigungsbrüderschaft.

„Woher wissen Sie also, wessen Grab das ist?" – „Ich interessiere mich für den Friedhof." Da ich merkte, daß er mich wieder mit einer Frage nach meiner Zugehörigkeit zu irgendeiner religiösen Institution unterbrechen wollte, fügte ich hinzu: „Nur ganz privat."

„Sind Sie ein Doktor?" Es schien mir einfacher, bejahend zu nicken, als meinen Beruf anzugeben, der ihn möglicherweise zu Mißtrauen oder Zurückhaltung veranlassen könnte.

„Was wissen Sie von Medigo del Kandia?" Er fragte nicht wie einer, der prüfen will, sondern als wundere er sich, daß ein Fremder über seine Privatangelegenheiten unterrichtet sei: Wie kommst du dazu, meinen Toten zu kennen?

Das Grabmal sei doch eine Sehenswürdigkeit, sagte ich, und der Kretenser Medigo aus Büchern bekannt, „er war, glaube ich, Weltreisender, Mathematiker und Astronom, Schüler Galileo Galileis, ein Arzt und frommer Mann".

„So? Sagen das die Bücher?" Er schien erstaunt.

„Ja. Steht das nicht auch hier auf dem Grabstein?" – „Auf Grabsteinen stehen lauter Lügen." – „Also war Medigo kein Gelehrter? Nicht weitgereist?" – „Ob er gelehrt war! Ob er herumgekommen ist in der Welt! Vielleicht mehr als ich ..." – „Und seine Frömmigkeit?" – „Er war frommer als alle, die hier liegen. Die wahre Frömmigkeit hat er gehabt, Rabbenu Jossef Schloime ben Eliahu." – „Warum wundern Sie sich dann, daß das auch in Büchern steht?" – „Ja, nachher schreiben sie es in die Bücher. Wenn einer tot ist, dann lassen sie ihn leben." – „Wer?" – „Wer? Die Menschen! Solang man lebt, wird man gehetzt von einem Ort zum andern, unstet und flüchtig, und erst wenn einer tot ist, läßt man ihn leben. Nur *ein* Glück, glauben Sie mir das, junger Mann, nur *ein* Glück gibt es auf dieser Welt: zu sterben. Dann hat man seine Ruhe und seinen Frieden, bekommt einen Grabstein, und darauf schreiben sie, wie man war, trotzdem sie einen gerade deshalb angefeindet haben, weil man so war." – „Aber Sie haben doch vorhin gesagt, Herr ..., Herr ..." – „Mein Name tut nichts zur Sache. Was habe ich vorhin gesagt?"

Er erwartete ruhig meinen Einwand, wie jemand, der sicher ist, sich in keinen Widerspruch verwickeln oder sich herausreden zu können, auch wenn er etwas Falsches gesagt hätte. Seine Art war nicht die eines Hausierers, Sprache und Wortschatz ließen auf einen gebildeten Rheinländer schließen, nur manchmal klang der Tonfall orientalisch, so als er die Segnung des Todes pries.

„Sie sagten doch vorhin, daß die Inschriften auf den Steinen lügen?" – „Ja, sie lügen! Mit steinernen Zungen lügen die Gräber. Lesen Sie, was hier über Jossef Schloime del Medigo steht!"

Er fuhr mit dem Finger über das längst plattgedrückte Relief der bemoosten Runen und übersetzte in unlogisch abgeteilten Wortgruppen, aber fließend den Panegyrikus auf den Toten:

„... und es ist gegangen ein Wehklagen, ein großes, durch ganz Israel ..."

Wie ein schlankes Haus, das einst frei stand und nun verschüttet ist bis zu den Giebeln und dem spitz zulaufenden Dach, war das Grab. Als der Alte sich über das Haus beugte, wirkte er groß, riesengroß. Seine Hand las weiter in der gemeißelten Trauerode. „... *alle Gottesfürchtigen verehrten ihn* ..."

Unwillig wandte er sich von der Platte. „Wer hat ihn verehrt? Die da, die sich's selbst in Stein kratzen, daß sie Gottesfürchtige sind? Vertrieben haben sie ihn aus Wilna, aus Grodek, aus Hamburg, aus Amsterdam, die Karäer haben ihn angefeindet, weil er die Kabbala verteidigt hat, die rabbinischen Juden haben ihn angefeindet, weil er den Sohar beschimpft haben soll, in Amsterdam haben sie ihm das Leben verbittert, in Frankfurt haben sie ihn wie einen Sträfling gehalten, überall hat er Not gelitten und Verfolgung – und nachher schreiben sie in den Stein, *es ist gegangen ein Wehklagen durch ganz Israel, alle Gottesfürchtigen verehrten ihn* ... und was da alles steht."

„Vielleicht hat man ihn in Prag anders aufgenommen?" – „In Prag? Weggejagt haben sie ihn von hier, einen sechzigjährigen Menschen, vier Jahre vor seinem Tod. Zu Fuß hat er fortmüssen aus dieser schwerreichen Gemeinde, eine Blase hat er auf der rechten Ferse gehabt, so groß..." – der Alte zeigte, Daumen und Zeigefinger rundend, das Ausmaß der Fußblase Medigos –, „... und seine Sandalen waren zerrissen. Zum Glück hat er bei Eger einen jüdischen Schuster getroffen, der hat ihm..."

Was wollte der Alte mit dem Schuster? Wollte er sich für den Mann ausgeben, der vor Jahrhunderten die Schuhe eines Wanderers besohlt hat?

Er merkte mein Mißtrauen und fiel sich selbst ins Wort: „... irgendein Schuster aus der Umgebung von Eger vielleicht, ein junger Mensch, viel kleiner als ich, der hat ihm die Sohlen geflickt und die Bänder..."

„Aber Medigo ist doch in Prag gestorben, und man hat ihm dieses schöne Grabmal gesetzt."

„Er hat dann nochmals nach Prag müssen und ist hier gestorben. Da haben sie ihm, auf Ehre, ein schönes Grabmal gemacht. Warum? Weil er berühmt war, Rabbenu Jossef Schloime ben Eliahu, und weil sie sich groß machen wollten, die

Prager, was für bedeutende Leute bei ihnen beerdigt liegen. Die Fremdenführer können jetzt den Besuchern erzählen, wie geachtet und wie fromm und wie groß alle die Toten waren, die da liegen. Und in den Büchern steht auch solches Zeug."

Der Alte sprang zur Vorderplatte des Grabmals, neigte sich wieder über das Dach, Hände und Augen suchten in dem Zement, mit dem der First renoviert war. „... *Rabbiner von Hamburg... und in der Umgebung von Amsterdam... hafilosof elchi abir harofim – ein Philosoph des Göttlichen unter allen Weisen –, der stärkste unter den Ärzten, ein Astronom und Astrolog... sein Hauptwerk Taalimos lechochmo, die Geheimnisse der Weisheit...*" Er wollte weiterlesen.

„Ist das alles nicht wahr?"

Des Alten Augenbrauen runzelten sich, er zischte: „Eine Wahrheit, die in einem Wust von Lügen steckt, ist tausendmal ärger als eine Lüge! Das ist ein Stück Fleisch in einer Falle. Das ist ein zerrissener Stiefel mit Schusterpech verklebt, statt geflickt. Das ist ein Buch, das einen Spruch Salomonis enthält und sonst Heuchelei predigt. Ich trete in keinen Sumpf, auch wenn sich darin die Sonne spiegelt. Ich will keine Wahrheit an einem Ort, wo lauter Lüge ist."

Er lief zu einem Grab, dessen Stein schwarz und schräg dastand, moosüberwachsen und von Buchstaben durchfurcht. „Da haben Sie eine andere Lebensbeschreibung, *und sie tat Gutes allen Armen..., und niemals fehlte sie bei der Morgenandacht...* Aber es steht nicht da, was die fromme Frummet gemacht hat, als sie noch jung war und ihr Vater Hausjud beim Grafen Collalto. Ein lustiger Herr, der Graf Collalto, und ohne Vorurteile, nicht viele Ghettomädchen konnten sich rühmen, ein Maskenfest im Palais Collalto mitgemacht zu haben, nicht wahr, Frummetele? Und dann hast du den Jakob Budiner geheiratet, er hat sein Glück gemacht, der miese Jakob Budiner, so eine schöne Frau zu kriegen, und gleich darauf ist er Hausjud beim Grafen Collalto geworden und später beim Baron Popel. Der war auch ein fescher Kavalier, nicht wahr, Frummetele, und hat viele Wechsel unterschrieben, und dann hast du...", er beugte sich über den Grabstein, *„einen Vorhang gekauft für die*

Synagoge, aus dunkler, grüner Seide mit silbernen Schellen und goldgestickten Buchstaben und geschmückt mit vielen Edelsteinen."

Schon sprang er zu einer anderen Gruft. *„Hersch Leibniz. Seine Gelehrsamkeit war groß, und die hohen Herren hörten auf sein Wort.* Und wie sie hörten auf sein Wort! Sie hörten so sehr darauf, daß der Kaiser Ferdinand befahl, Rabbi Jontow Lippmann Heller soll in Ketten nach Wien gebracht werden, als ein Sünder gegen des Kaisers Majestät. Hersch Leibniz hatte ihn nämlich denunziert."

Keine Pose war mehr an dem Alten, er war jetzt nur mehr Haß gegen alles Tote, neidisch bestritt er das Lob, mit dem die längst Vermoderten hier bedacht waren, schrill brachte er intimste Privatangelegenheiten vor, um die Begrabenen zu profanieren, er riß die Toten aus dem Erdreich und schleuderte sie mit hämischem, höhnischem Wort wieder hinab.

Ein neues Opfer hatte er erspäht. „Da können Sie lesen: *Allhier liegt Josef Baroch, Gold- und Silberschmied, ein Mann von streng redlichem Charakter.* Von streng redlichem Charakter! Er hat von einem Soldaten goldene Wandleuchter mit den eingravierten Buchstaben E. W. und einem Wappen gekauft. Nachher, als bekannt wurde, daß die Leuchter dem Statthalter gehörten, hat er sie vor den Eingang der Judenstadt gelegt. Der Statthalter Graf Ernst Waldstein hat den alten Jakob Lämmel, den Gemeindevorsteher, verhaften und einen Galgen bauen lassen, vor dem Tor draußen – wie heißt nur das Tor bei der Heuwaage? –, ja, vor dem Neutor, dort sollte Jakob Lämmel gehängt werden, wenn der Hehler nicht gefunden wird. Josef Baroch hat sich nicht gemeldet, der Mann – wie steht es da? – *von streng redlichem Charakter.* Er hat sich nicht gemeldet, und die Judenschaft konnte froh sein, als die Hinrichtung ihres Vorstehers unter der Bedingung unterblieb, daß die zehn Judenältesten eine Buße von zehntausend Gulden in zehn Säcken öffentlich ins Rathaus bringen. Und von diesen zehntausend Gulden hat Graf Waldstein eine ewige Stiftung für jene Juden gemacht, die sich taufen lassen. Aber Josef Baroch liegt da als Ehrenmann in einem marmornen Haus mit Segenssprüchen. Solche Leute dürfen sterben . . ."

„Hat denn niemand gewußt, daß Baroch der Hehler war?"

„Wer hätte es wagen dürfen, ihn zu verdächtigen? Er war doch *von streng redlichem Charakter!*"

„Woher wissen *Sie* es denn?"

Er zuckte die Achseln und blickte mich an, als fürchte er, er habe verraten, wer er sei. „Ich bin ein alter Mann und viel herumgekommen in der Welt. Da erfährt man allerhand."

Wir gingen weiter. Von einigen Gräbern schien er nichts zu wissen. Bei den kleinen Grabtafeln, auf denen eine ungelenk eingeritzte Figur (eher ein Ornament als eine Überschreitung des religiösen Porträtierungsverbots) anzeigte, daß hier eine Jungfrau liege, machte er zynische Bemerkungen. „Die war es vielleicht, sie war erst zehn Jahre alt, als sie das Glück hatte zu sterben..." Oder: „Wenn eine stirbt, weil sie sich ein Kind hat nehmen lassen, so ist sie eine Jungfrau." Hielt die Figur eine Rose, zum Zeichen, daß hier eine Braut ruhe, so lachte der Alte ein meckerndes Lachen. „Nevesta heißt man hierzulande eine Braut, das kommt aus dem Lateinischen: non vesta." Sein braungerunzelter Nacken steifte sich wie damals, als er, vor langer Zeit, meine jugendliche Liebesszene belauert hatte. Einen Namen lesend, geiferte er: „Der da ist an einer schönen Krankheit gestorben. Von einer französischen Marketenderin hat er sich das geholt..." Er entzifferte im Epitaph. „Und dabei hat er acht Kinder gehabt! Er wollte eben auch eine Französin probieren, das ist ihm teuer zu stehen gekommen: Drei Gulden Rheinisch hat er ihr geben müssen, daß sie sich mit ihm einläßt, und ein Jahr später ist er gestorben, gerade an dem Tag, an dem der Marschall Belle-Isle aus Prag abgezogen ist."

Manches Grab schändete er nur durch eine verächtliche Handbewegung, vor anderen blieb er stehen, dachte nach, wer der Tote sei, und suchte nach Anhaltspunkten für Blasphemien. Hier und da warf er sich mit erstaunlicher Gelenkigkeit bäuchlings auf die Erde, die Augen scharf einstellend, einen Satz zu entziffern; es gelang ihm nicht immer, manchmal bewegten sich seine Lippen im Lesen, ohne daß er eine gehässige Glosse zu machen hatte.

Seit Jahrhunderten ist der Prager Friedhof nichts als eine Sehenswürdigkeit, Wirrsal des Sagenhaften, Geheimnisvollen und Vergrabenen, und nun schritt einer neben mir, der die Steine zu hören, persönliche Beziehungen zu allen vergangenen Geschlechtern zu haben vorgab, der die Intervalle der Zeiten ausfüllte mit Reminiszenzen. Und diese Reminiszenzen waren nur Lästerungen.

Neugierig wartete ich, was er über den Hohen Rabbi Löw sagen werde, vor dessen rotem Tempelchen er stehenblieb und mit schiefgezogenem Mund nickte. Er gab seiner Stimme bedauernde Ironie, als er las: *„Erhebt ein Klagen und Weinen und Trauern des furchtbarsten Schmerzes, ein Wehgeheul, wie die Hyänen, denn ein großer Fürst im Lager ist gestorben...* Sie heulen noch immer wie die Hyänen!" Sein Zeigefinger deutete auf schwarze Flecken in der Steinplatte, Spuren von Kerzen, bei deren Schein galizische Flüchtlinge während des Weltkriegs nächtelang an dem Grab des wundertätigen Rabbi für ihre verschollenen Angehörigen gebetet hatten. „Sie heulen vergeblich wie die Hyänen! Warum vergeblich? Da steht es: *Er wagte sich hinein in den Irrgarten Pardes, aber er kam rechtzeitig heraus und unversehrt.* Ja, ja. Rechtzeitig und unversehrt. Deshalb kann er auch keinem helfen. Und alle die Kwitel dahier sind sinnlos – sehen Sie her, wie alles voll ist von ihnen."

Ich lugte durch die Lücke des Sarkophags, auf die er wies, Hunderte von Zetteln mit hebräischen Schriftzeichen waren dort aufgestapelt. „Sie helfen keinem, diese Bitten", wiederholte er, „und keinem hilft der tote Rabbi Löw. Mag ihn der Nachruf noch so preisen, mag ich noch so oft im Mond die Stelle sehen, die nach ihm benannt ist. Ich werfe hier kein Kwitel hinein."

Auf dem First mancher Grabmonumente lagen Reihen von Kieselsteinen, ein Zeichen der Pietät, das aus der Zeit der Wüstenwanderung Israels stammt. Damals, vor Jahrtausenden, wälzte man über die Gräber jener, die in der Sahara tot niederbrachen, große Steine, damit es den Geiern und Schakalen nicht zu leicht falle, den Leichnam aus dem Wüstensand zu scharren; jedes Nachzüglers fromme Pflicht war es, den Toten in gleicher Weise vor Raubtieren zu schützen. Diese Maßnahme hat sich als Brauch erhalten, und auf dem alten Prager Friedhof mag mancher Kiesel im Mittelalter auf ein Grab gelegt worden sein und mancher erst heute. Der greise Zyniker an meiner Seite fegte die von Generationen gewundenen mineralen Kränze mit seinen Reden brutal hinweg.

„Die kleinen Steine lügen genauso wie die großen! Die Steine, mit denen man den guten Menschen bewirft, legt man dem schlechten aufs Grab. Wer tot ist, wird verwöhnt, wer lebt, wird gehetzt von Ort zu Ort."

„Sie haben doch auch einen Stein auf ein Grab gelegt?"

„*Ich* weiß, wem ich es gebe. Ich kannte die Herren, die hier liegen, – das heißt – ich meine – ich kenne ihr Leben. Aber die anderen wissen nur die Märchen der Friedhofsdiener. Was kostet es, ein Steinchen hinzulegen? Diese Haufen sind ein Spielzeug, der Feldmarschall Wallenstein hatte ganz recht."

„Wer?"

„Der Feldmarschall Wallenstein, der Herzog. Er wollte sich mit Bath-Schewi, seinem Finanzjuden, beraten, ob die Wallensteinischen Taler entwertet werden, wenn sich die Armee auflehnt gegen Majestät Ferdinand, und wieviel ihm Bath-Schewi kreditieren kann für eine Kampagne gegen den Kaiser. Aber weil der Palast des Herzogs voll war von Spionen, ist der Herzog nachts im Kaftan in die Judenstadt gekommen. Am Grab von Hendel Bath-Schewi haben sie verhandelt – Schmiles Bath-Schewi war gewöhnt, seine Geschäfte im Beisein seiner Frau abzuwickeln, und da sie gerade gestorben war, hat er den Herzog zu ihrem Grab geführt. Während des Gesprächs hat der Herzog in Gedanken verloren die Steine vom Grab genommen und mit ihnen gespielt. Da ist Schmiles Bath-Schewi auf den Herzog zugesprungen und hat seine Hand gepackt. Der Feldmarschall zuckte erschrocken zusammen. Zwar hat Schmiles sich demütig entschuldigt, daß er es gewagt hat, ein Jud einen Fürsten – den Wallenstein! – anzurühren, aber der Herzog hat gezittert und konnte kein Wort reden. Er ist weggegangen und hat nie mehr mit Schmiles Bath-Schewi verhandelt."

Hier wandte ich ein: „Wallenstein hat doch den Bassewi noch später zu sich kommen lassen."

„Nach dieser Unterredung? Wie können Sie das wissen – Sie

haben ja keine Ahnung gehabt von diesem Gespräch am Grab der Frau Hendel? Also lassen Sie sich dienen: der Herzog Wallenstein ist seither nie mehr mit Schmiles Bath-Schewi zusammengekommen."

„Bassewi ist doch auf dem Schloß des Fürsten gestorben."

Als ob er sich nun erinnere, gab mir der Alte recht. „Stimmt schon. Wie es losgegangen ist gegen die schmutzigen Geschäfte von Schmiles und er geflüchtet ist, hat ihn der Herzog aufnehmen müssen, neben der Karthause, bei Jitschin. Ob er aber dort mit ihm gesprochen hat, weiß ich nicht, in Prag sind sie jedenfalls nicht mehr zusammengekommen. Schmiles Bath-Schewi ist draußen begraben, in Münchengrätz. Er hätte hierher gehört, unter die Prager, wo lauter..."

Er unterbrach sich. Um es wettzumachen, daß er eben etwas Falsches erzählt hatte, oder als ob er bereue, sich mit der harmlosen Geschichte von den als Spielzeug verwendeten Steinchen aufgehalten zu haben, statt in seiner Orgie der Blasphemien fortzufahren, faßte er meinen Arm. „Kommen Sie, ich werde Ihnen etwas zeigen!"

Mich hatte schon vorhin die Gelenkigkeit des Greises überrascht, jetzt staunte ich über die Geschwindigkeit, mit der er einem Ziel zustrebte. Den Rabbinerweg quer überspringend, machte er halt auf dem Rasen, der an der Mauer der Salnitergasse hoch wuchert, und schob mit dem Fuß eine dichtverschlungene Efeuranke beiseite. Ein schmaler, zum größeren Teil in der Erde versunkener Stein wurde sichtbar. *„Bekanntmachung für kommende Geschlechter"*, las der Alte die erste Zeile vor und fragte mich: „Kennen Sie das Grab?"

Ich war auf dem Kies stehengeblieben und sah das Grabmal an, das auf dieser Seite des Weges das einzige war. Warum ragte nur ein so auffallend kleiner Teil aus der Aufschüttung hervor? Warum lag es abseits, warum unter Efeu verborgen? Nie hatte ich es bemerkt, nie war ich von einem Führer darauf aufmerksam gemacht worden, niemals habe ich in einem der Bücher, die über den Prager Friedhof Aufklärung geben, auch nur die geringste Erwähnung davon gefunden, obwohl sein Stein eine Bekanntmachung für künftige Generationen trug.

„Sie kennen es nicht?" – „Nein, ich habe es nie gesehen und nie davon gehört." – „Das glaube ich. Schauen Sie es sich gut an: Hier ist der einzige Grabspruch, der nicht lügt!" – „Was steht denn darauf?"

Er beugte sich wieder über die Inschrift.

שנת תקל"א לפ"ק
מודעה לדורות
אחרי שנקנה מקום־מקוף הלז .... השררה יר"ה
כמו שנכחב בפנקס הפסקים דח"ק גו"ח
דף ה'

„Kurz nachdem dieser umfriedete Raum gekauft worden war, ist, wie aus dem Protokollbuch der Chewra Kadischa, Seite 5, ersichtlich ist ... mit Bewilligung der hohen Regierung..." Unter dieser Zeile begann die Hügelwelle –. „Weiter kann man nicht lesen!"

„Warum nicht?"

Sein Lachen ließ intakte, auffallend große Zahnreihen sehen. Kiefer eines Tiers. „Warum man nicht weiterlesen kann? Weil da die Wahrheit steht! Nur deshalb! Hier ist ein Hund begraben, ein krepierter Hund, so wahr ich lebe. Da, unter der Erde, ist die Inschrift versteckt. *„Po nikwar niwlass – wurde hier ein toter Hund begraben."*

„Wie kam der her?"

„Wie ein wirklicher Hund herkommt unter so viele Hunde, die man für Menschen gehalten hat, meinen Sie? Der Franzek Mrschak hat ihn herübergeworfen, der Knecht vom Schinder drüben", der Alte wies über die Mauer, „um die Juden zu ärgern."

Vielleicht war noch mehr über diese Begebenheit zu erfahren, die Schinderknecht und Totengräber in der mystischen Szenerie des Prager Judenfriedhofs vor einem geheimen Grab agieren ließ. Ich versuchte, dem Alten „ein Hölzel zu werfen".

„War also ein gehässiger Kerl, der Franzek Mrschak, nicht?"

„Gehässiger Kerl hin – gehässiger Kerl her. Er war kein gehässiger Kerl. Er war sogar fromm. Jeden Morgen ist er in die Kirche gegangen zu den Kreuzherren drüben. Und auf Kaiser Joseph hat er geschimpft, weil der damals die Klöster aufgehoben hat. Er war nicht besonders gescheit, der Franzek, aber ein gehässiger Kerl war er nicht, obwohl er Grund gehabt hätte, es zu sein. Wütende Hunde einzufangen, Katzenkadaver zu sammeln und krepierte Pferde wegzuführen ist ein übler Beruf. Werktags hat er die Mütze in die Stirn gedrückt und den Schnurrbart herunterhängen lassen, um am Sonntag sein Aussehen verändern zu können. Sonntags hat er sich gewaschen, gestriegelt und den Bart aufgezwirbelt und ist über die steinerne Brücke gegangen – sagen Sie, steht noch das Kodosch, Kodosch, Kodosch auf der steinernen Brücke?"

"Ja, auf dem Kruzifix steht die hebräische Inschrift." – "Ich gehe niemals über die steinerne Brücke. Lieber lasse ich mich mit der Fähre übersetzen." – "Warum gehen Sie nicht über eine andere Brücke?" – "Seitdem andere Brücken da sind, gehe ich manchmal über irgendeine. Aber an dem Kodosch, Kodosch, Kodosch gehe ich nicht vorbei..." – "Wer war denn der Jude, der die Inschrift auf dem Kruzifix bezahlen mußte?" – "Es war gar kein Jude. Der Graf Pachta hat es aus eigener Tasche bezahlt." – "Aber auf dem Sockel steht doch: *Dreymaliges Heilig, Heilig, Heilig aus dem Strafgelde eines wider das heilige Kreuz schmähenden Juden, aufgerichtet von einem hochlöblichen Appellationstribunal im Herbstmonat 1754.*"

"Das haben sie dort eingemeißelt, eine Lüge in Stein, wie die vielen hier auf dem Friedhof. Ein Jude ist froh, wenn er selbst nicht geschmäht wird." – "Weshalb wurde es also hingeschrieben?" – "Um den einen zu verhöhnen, der wirklich geschmäht hat, aber das ist schon lange, lange her, Jahrtausende schon, und Gott selbst hat ihn gestraft."

Ich kam wieder auf den Schinderknecht zu sprechen. "Wohin ging denn der Franzek Mrschak am Sonntag, so aufgezwirbelt und geputzt?"

"In ein Gasthaus am Sandtor, dort wurde getanzt, ich erinnere mich nicht mehr, wie es geheißen hat. Der Franzek war immer dort, aber niemand hat gewußt, wer er ist. Sein Mädchen hieß Peptscha – damals haben fast alle Mädchen Josephine geheißen und alle Burschen Joseph –, und einige Burschen waren eifersüchtig. Denen war es verdächtig, daß der Franzek nicht einmal seiner Peptscha sagen wollte, welchen

Beruf er hat und wo er wohnt. So sind sie ihm einmal nachgegangen und haben gesehen, daß der Franzek in der Schinderei verschwindet. Als am nächsten Sonntag der Franzek in den Saal kommt und die Peptscha zum Tanz auffordern will, schreit jemand: ‚Franzek Mrschak, aufgepaßt! Ein schönes Stück Ware für dich!' Und ein toter Hund fliegt in den Saal, ein verwester Kadaver, schon grün und aufgedunsen und mit bloßgelegten Zähnen, Würmer im räudigen Fell. Der arme Franzek wollte verschwinden, aber alle hielten ihn zurück, er mußte den krepierten Hund nehmen und mit ihm durch die Stadt laufen, im Sonntagsanzug, geradenwegs vom Fest, verhöhnt und für immer vertrieben von seiner Peptscha.

Wie er so läuft, kommt ihm aus der Pinkagasse ein Hausierer entgegen, und sie stoßen zusammen. ‚Kannst du nicht aufpassen, schmutziger Handeljud?' wütet der Franzek und will mit dem krepierten Hund auf den Juden losschlagen. Der ist schnell davon. Da fällt dem Franzek Mrschak ein, daß es Menschen gibt, die noch verächtlicher sind als ein Schinderknecht. Aber die haben es verdient, denkt er, einer von ihnen hat unseren Gott verhöhnt, als er zur Hinrichtung ging. Sollen *die* die schmutzigen Geschäfte besorgen. Dieser Handeljud hat mich fast umgerannt! Auch mit ihrem Friedhof machen sie sich breit, ihr Grundstück reicht schon bis an unsere Mauer. Warum nehmen sie nicht gleich unsere ganze Schinderei dazu? Ich, ein katholischer Christenmensch, darf nicht in den Tanzsaal, darf nicht mit der Peptscha tanzen, aber die Juden, die unseren Herrn verspottet haben auf seinem letzten Weg, machen sich überall breit. Sollen *sie* den krepierten Hund begraben, die Spötter des Heilands. Ich schenke ihn ihnen für den neuen Friedhofsteil! Und deshalb warf der Franzek Mrschak den Hund zu den Juden."

„Warum hat man ihn hier eingescharrt?" – „Was sollte man machen? Ihn wieder hinüberwerfen, damit ein Geschrei losgehe, die Juden schmeißen Aas über ihre Friedhofsmauer? Oder den Abdecker auf den Friedhof rufen lassen? Die Beerdigungsbrüderschaft hat den Kadaver auf dem noch unbenützten Teil des Friedhofs begraben." Er zertrat die Efeuranke. „Gerade dieses Grab versteckt man! Kann ein Hund nicht gut sein und treu? Warum schändet man gerade ihn nach dem Tod? Warum schleudert man ihn in einen Tanzsaal und schämt sich für das Grab?"

Der Alte beugte sich vornüber und betete. Dann suchte er ein Steinchen aus seinem Hausierersack und legte es behutsam auf die spitze Kante der Grabtafel. „Vielleicht war er noch ganz jung, der Hund da, und Gott tat ihm die Gnade, ihn schon sterben zu lassen."

Wir schritten dem Ausgang zu, traten durch den Hausflur in die Josefstädter Straße hinaus und begegneten Herrn Lieben, der meinen Begleiter unwillig maß und auf dessen gemurmelten Gruß keine Antwort gab.

„Das war Jonas Lieben, der Herr, den wir eben getroffen haben, nicht wahr?" fragte ich. Dem Alten war es sichtlich unangenehm, daß ich Herrn Lieben kannte. „Herr Lieben gilt als frommer Mann", bemerkte ich, mein Begleiter schwieg. „Ist er nicht fromm?" fragte ich weiter, neugierig, ob er gegen die lebenden Juden auch so gehässig eingestellt sei wie gegen die toten. „Andere Leute sind auch fromm", brummte er. – „Das ändert doch nichts!"

Da legte er los. „Man ist nicht fromm, wenn man andere Menschen nicht in Ruhe läßt, wenn man glaubt, alle Frömmigkeit gepachtet zu haben. Leute, die nicht zu seinem Kreis gehören, läßt er nicht gelten, die sind für ihn Betrüger und Schwindler."

Wir überquerten den freien Platz vor dem Rudolfinum, eine Straßenbahn fuhr vorbei, auf den Bänken am Kai saßen Paare, sonst waren nur wenig Menschen zu sehen. „Ich möchte austreten", sagte der Alte zu mir, „glauben Sie, daß ich mich hierherhocken kann?" – „Kommen Sie ein paar Schritte weiter, ich werde Ihnen einen Abort zeigen." – „Ich benütze keinen Abort. Ich setze mich niemals." – Und schon schnallte er seinen Leibriemen ab und kauerte sich hin.

Zum erstenmal seit zwei Stunden bin ich für einen Augenblick allein. Ich stehe vor dem Kunstgewerbemuseum; an der Glastür einer Telefonzelle hängt eine Tafel: „Einwurf eine Metallkrone oder zwei Fünfzighellerstücke." Oben auf der Marienschanze sind einige Villenfenster beleuchtet. Ein Kanaldeckel drückt sich in das Straßenpflaster, wie ein karierter Flikken auf grauem Stoff.

Was will der Alte? Wozu spielt er mir eine Ahasverusrolle vor? „Ich setze mich niemals", war vorhin sein letzter Satz. Das war plump. Aber hatte nicht auch vor neun Jahren die Bordellwirtin in Südungarn ungefragt bestätigt: „Der da legt sich niemals in Bett, wann er mit Madel beisamm' ist."

Stundenlang hat mir der Alte jetzt Dinge erzählt, die Jahrhunderte zurückliegen, unkontrollierbare Geschichten. Kein Enkel dieser Toten lebt mehr, kein Urenkel, niemand, der anderes über sie wissen kann als das, was in Büchern steht oder auf Grabsteinen. Seltsam immerhin, daß er unbeobachtet an einem Grabe betete, lange betete, an dem gleichen, an dem ich ihn vor einem Vierteljahrhundert beten sah. Schon damals war er ein uralter Mann gewesen. Von der kleinen Kamilla habe ich lange nichts mehr gehört, ihre Kinder müssen weit älter sein, als Kamilla damals war.

Der Alte hockt an der Ecke wie ein Gassenjunge. Aus den Fenstern könnte man ihn sehen.

Warum hat er auf Herrn Lieben geschimpft? Will er dessen abfälligem Urteil im voraus entgegentreten? Herr Lieben hat seinen Gruß nicht erwidert. Das kann darauf zurückzuführen sein, daß Fremde verdächtig sind, die so spät aus dem Haus kommen.

Von Ahasver erzählt die Sage, er habe den, der sich mit dem Kreuz schleppte, höhnisch von der Schwelle seines Hauses gestoßen – das entspräche dem Charakter meines Begleiters. Selbst Tote stieß er aus dem Grabe und schmähte sie.

Der Alte ist wieder bei mir. Er scheint zur Realität zurückkehren zu wollen. Ob ich ein Prager sei? Mein Name? Aus der Zderasgasse? „Nein, aus der Melantrichgasse."

Er kennt die Straße nicht. Ich beschreibe sie ihm. „Ach so, die Schwefelgasse." Er weiß nur den alten Namen. Die Zderasgasse kannte er, den verrufenen Winkel der Neustadt, und gerade jene Kischs, die dort ein toleriertes Haus innehatten.

Ich frage ihn, womit er handle. „Mit Kameen." – „Mit geschnittenen Steinen?" – „Nein, mit geschriebenen. Mit heiligen Kameen gegen Unbill." – „Mit Amuletten also?" – „Wir nennen es Kameen. Ich werde Ihnen eine zeigen."

Er lehnt sich an die Kaibrüstung und kramt in seinem Sack. Ein Liebespaar geht langsam in der Richtung zum Akademischen Gymnasium. Er wartet, bis die beiden vorbei sind. Dann rollt er ein kleines sechseckiges Pergament auseinander, beschrieben mit hebräischen Worten von je fünf Buchstaben, die über- und untereinander angeordnet sind; durch die obere Spitze des Sechsecks schlingt sich ein Seidenfaden.

„Diese Kamee ist sehr alt und erprobt gegen Not und Krankheit. Hundert Kronen kostet sie." – „Ich will nachsehen, wieviel ich bei mir habe."

Die Augen des Alten, der wie mit dem ewigen Unheil beladen durch die Welt wandert und, o Ironie, Glücksbringer verschleißt, schleichen in meine Brieftasche. „Kaufen Sie das Stück, es wird Ihnen nützen. Ich aber bin ein alter Mann, der nicht leben kann und nicht sterben und nicht liegen und nicht sitzen. So wahr ich sterben will: ich beneide den krepierten Hund, von dem ich Ihnen erzählt habe." Wir gehen weiter. Ich möge die Kamee um den Hals tragen, rät er mir, sie jedoch am Freitagabend ablegen und erst am Samstag nach Sonnenuntergang wieder nehmen, denn am Sabbat dürfe man nichts tragen als die Kleider. Ob ich nicht vermögende Leute kenne, vor allem Frauen, die sich für Wunder und Voraussagen interessieren, für die Weisheit der Zahlen: die Kabbala. „Ich kann viel erklären, vieles berechnen, was kommen wird, und ich habe einen ewig leuchtenden Totenkopf gegen alles Ungemach."

Ich bestelle ihn für den nächsten Tag zu mir. Aus dem Wirtshaus „Beranek" auf dem Frantischek dringen die Klänge eines Grammophons. Der Alte bleibt am Fenster stehen. „Das ist Jazzbandmusik, die höre ich sehr gern, sie macht aus den traurigsten Weisen lustige."

Nahe der Štefánik-Brücke verabschiedet er sich. „Morgen komme ich bestimmt zu Ihnen." Nach ein paar Schritten drehe ich mich um, neugierig, wohin er sich wenden wird, aber er ist nicht mehr zu sehen.

Ich gehe zu Herrn Lieben und frage, wer der Alte ist. „Ein Gauner ist das. Er heißt Isaschar Mannheimer und stammt aus

Worms. Hat in Prag schon mit der Polizei zu tun gehabt, einmal kaufte er Wandleuchter von preußischen Soldaten, obwohl das streng verboten war, Leuchter mit den Initialen W. E., er hat genau gewußt, daß sie dem Statthalter gehören."

„Dem Grafen Ernst Waldstein?"

„Wie kommen Sie auf Waldstein? Keine Spur! Dem Statthalter Weber-Ebenhof, im Jahre 1866."

„Da muß doch dieser Mannheimer heute sehr alt sein?"

„Sehr, sehr alt. Er war schon damals kein Jüngling mehr. Die ganze Judenstadt hat unter der Sache zu leiden gehabt. Der Kultusvorsteher Lämmel wurde als Geisel verhaftet, und die Gemeindevorsteher mußten Buße bezahlen. Der Mannheimer wird sich nicht lange in Prag aufhalten, nachdem ich ihn gesehen habe."

„Er weiß erstaunlich viel."

„Er redet viel und lügt noch mehr. Bei den Landjuden gibt er sich als Sendbote vom Oberrabbinat in Palästina aus, bei den Christen – Sie werden lachen! – als der Ewige Jude. In der ganzen Welt macht er den Juden Schande. Was wollte er eigentlich von Ihnen?"

„Er hat mir bloß den Friedhof erklärt."

„Schöne Erklärungen, ich kann mir das vorstellen. Sicherlich lauter Lügen!"

„Ist es wahr, Herr Lieben, daß an der Salnitermauer ein toter Hund begraben ist?"

„Gerade *das* Grab hat er Ihnen gezeigt? Das sieht ihm ähnlich!"

Der Alte hat seinen Besuch bei mir nicht abgestattet.

NOTIZEN
AUS DEM PARISER GHETTO

1. Notiz: Ein wahrer Bürgerkrieg um den Begriff „koscher" spielt sich auf den Firmenschildern der Nahrungsmittelgeschäfte im Quartier Saint-Paul ab. Bislang hat man geglaubt, dieses Wort besage, daß Speisen den rituellen Vorschriften entsprechen, bislang hat man geglaubt, daß das, was nicht koscher ist, einfach trefe sei und daß das Eigenschaftswort „koscher" keiner Steigerung unterliege.

Nunmehr erfährt man, daß es sich mit der Bezeichnung „koscher" verhält wie anderswo mit der Bezeichnung „national": Die eine Partei, na ja, sie ist national, die andere, allerdings, ist nationaler, die dritte, das muß man zugeben, ist am nationalsten, aber meine Partei ist die aller-, allernationalste, und wenn du ihr nicht anhängst, so bist du ein National-Verräter. Ähnliche Lizitationen gibt es also beim rituellen Essen in Paris. Ein einziger Fleischerladen in der Rue des Ecouffes begnügt sich mit den drei Konsonanten: koscher. Dieses schlichte Bekenntnis wird von der angrenzenden Boucherie, Charcuterie et Triperie angezweifelt, sie blinzelt vielsagend auf das Nachbargeschäft und sagt von sich: „emes koscher", ich bin *wahrhaft* koscher.

Was nützt ihr das, ihr Konkurrent auf der anderen Straßenseite rühmt sich, die „Schomre Hadas", die Hüter des Glaubens, zu beliefern, so daß selbst der Aller-, Aller-Orthodoxeste ruhig von hier sein Lämmernes und – zumal die Firmentafel auch den Verkauf von „Ojfes-Volailles" anzeigt – sein Gänseklein beziehen darf.

Man kann noch sicherer gehen: an der Ecke ist ein Fleischer, der sich einerseits als eine Maison de Confiance bezeichnet, andererseits aber nicht glaubt, daß seine Kunden Confiance zu ihm haben, weshalb er sich der „Haschgoche von bewußten Row Horaw Reb Joel Halewi Herzog, schalito" unterstellt hat.

Natürlich wird die Beteuerung strenger, strengerer und strengster Ritualität ausschließlich in hebräischen Buchstaben plakatiert, die Übersetzung ins Französische sagt nichts davon, und auf dem gleichen Laden links von der Verkündigung „Adas Jisroel", höchst orthodox, lautet der französische Text: „Boucherie moderne".

Wie man sieht, ist das alles recht doppelzüngig. Am ehesten kann man wohl dem Restaurant Haifa in der Rue Vieille du Temple vertrauen. Denn erstens steht dort auf der (an der Fassade angeschlagenen) Speisekarte: „Koscher lemhadrin min lemhadrin" – koscher für die Strengsten der Strengen –, und zweitens macht man dort keine Übersetzungstricks, wie bei der Fleischerei, die nach links moderne und nach rechts Adas Jisroel sein will. Hier im „Haifa" sind die Übersetzungen wörtlich. An der Tür zum Beispiel steht „Fermez la porte, s. v. p.", und da man den Gästen nicht zutraut, genug Französisch zu können, ist darunter geschrieben: „Bitte zu fermachen der Tür beim Herausgehn."

2. Notiz: Pain Azyme heißt Mazzes auf französisch. Kein Mazzesbäcker in Schepetowka oder Berditschew hat je geahnt, daß seine Nachfahren das gleiche Gewerbe in Paris betreiben und über ihrer Backküche die stolzen Worte prangen werden: „Fabrique du pain azyme." Und als der alte Moses vor dreieinhalbtausend Jahren seine strenge Verordnung erließ, zur Erinnerung an die Leiden der Wüstenwanderung sei alljährlich eine Woche lang ungesäuertes Brot zu essen, ahnte er auch nicht, was aus diesem Befehl werden würde. Im Pariser Ghetto, „Le Plätzl", bekommt man das ganze Jahr Mazzes zu kaufen, aus einer Sache der Entsagung, aus einer Fastenspeise ist ein Leckerbissen geworden.

3. Notiz: Napoleonische Proklamationen, keine Schlagworte und nicht die sonst übliche knappe Geschäftsreklame, wahrlich napoleonische Proklamationen sind es, die da auf großen Laken über kleinen Krämläden prangen: „Unsere neue mechanische Mazzefabrik laut dem System von die amerikanische Mazzes, was werden gebacken sauber, von besten Mehl, streng koscher, *die geschmackvollste Mazzes von ganz Paris.* Fordert überall *die Parisser Mazzes,* weil sie sennen garantiert. Jeder Mazze tragt die

Nummer 1934. Wir haben bekommen a goldene Medaille in der Ausstellung von 1932. Die Mazzefabrik ist unter der Haschgoche von Raw Joel Halewi Herzog."

Über den Eingang eines Hauses ist eine Fahne mit der Inschrift gespannt: „Da in Hof hat sich geöffnet a neue Epicerie, was verkauft *sehr, sehr billig*. Die beste und frischste Sschojre. Überhaupt die beste Früchte und die größte Eier, wie in Halles. Auch alle Weinen und pessachdige Produkten, beherscher Horaw Herzog. Es wird übergeschickt alles zuhaus. Ihr werdt viel Geld einsparen."

Auch der Straßenhändler erläßt Manifeste, insbesondere wenn er seinen Standplatz gewechselt hat. „David Sonenbloum, was ist hier gestanden in Tor, hat sich gemacht a Butik in Hof *von alles* und verkauft billiger wie überall. Kommt herein sich überzeugen, *werdt Ihr erstaunt werden*. Raisins, Bananes, Oranges, Appyl, Barnes, Pommes de terre, Tomates, Cibelos, Karottes, Asperges."

Nachdem er alle Arten von Gemüse aufgezählt hat, betont er mit großen Buchstaben, was er außerdem führt: „Légumes!"

4. Notiz: Nicht schon damals, als Ludwig XVI. mit Weib und Kind von den Frauen der Halle aus Versailles nach Paris eskortiert wurde und die Grandseigneurs und Marquisen nach Koblenz flüchteten, haben sich die Juden in den dadurch frei gewordenen Pariser Prunkvierteln, im Quartier du Marais und im Quartier du Temple, eingemietet, im Winter 1789 zogen nur die obdachlosen Pariser christlichen Glaubens, männliches und weibliches Elendenvolk, in das verlassene Viertel ein. So wurde dieses ein besonders verrufenes und besonders billiges, wodurch es später den armseligen Pogromflüchtlingen aus Polen und Rußland als geeignete Heimstätte dienen konnte.

Alles ist noch da, Paläste, das Elendenvolk und die Juden, und alle drei Faktoren sind in den letzten hundertfünfzig Jahren nicht schöner geworden. Was die Paläste anlangt, kann man nur sagen: Sic transit gloria mundi. Da hat zum Beispiel im Haus Nr. 16 der Rue Charlemagne die Königin Bianca residiert, Mutter des heiligen Ludwig; jetzt ist Madame Korenbloum, sage-femme, im Transitverkehr der gloria mundi hierhergeraten, und im dritten Stock wohnt David Chmoulkowicz, dessen Amt es ist, die mit Hilfe von Mme Korenbloum zur Welt gekommenen Knaben zu beschneiden.

An der Stelle des Hauses Nr. 8, Rue Jardins de St-Paul, stand früher dasjenige eines Mannes, der in seiner Art von Frankreich nicht weniger verehrt wurde als der heilige Ludwig, nämlich des unheiligen Rabelais. Er ist hier, wo heute Jacques Axelchevaisse seinen Handel mit Därmen betreibt, gestorben und wurde auf dem Cimetière de St-Paul bestattet.

Auf diesem Kirchhof waren auch andere bekannte Leute begraben und ein Unbekannter, eben durch seine Unbekanntheit in der Geschichte bekannt: der Mann mit der eisernen Maske. Wer aber aus dieser Mitteilung die Hoffnung schöpfen wollte, man könne nun einfach durch Exhumierung den aus Eisen gegossenen Schleier jenes Bastillesträflings lüften, der würde sich irren, denn vom Friedhof St-Paul ist nur noch der Torbogen da, die Gräber sind weg, keine Spur mehr von dem Gebein des Rabelais, vom Mann mit der Eisenmaske und den anderen Toten ihrer Zeit. In der Passage St-Peter, die von der St-Paul-Straße zur St-Antonius-Straße führt und wo sich jener Friedhofsbogen wölbt, hat heutzutage Maurice Finquellchtain sein Gewölbe, darin er Wein und Kohle verkauft.

Rue St-Paul Nr. 36 war das Gefängnis St-Eloi, das Haus daneben Verwaltungsgebäude und Nr. 12 der Rue Charles V das Hotel des Sieurs Antonine d'Aubray. Dessen Töchterchen hat auf dem edel geschnitzten, noch immer gut erhaltenen Treppengeländer gespielt, bevor sie den Marquis von Brinvilliers heiratete und zur berühmtesten Giftmörderin aller Zeiten wurde. Vielleicht hat das Kind schon damals von seiner todbringenden Zukunft geträumt, nicht aber ließ es sich träumen, die Trockenwohnerin von Nonnen und Handelsjuden zu sein. Die Kongregation frommer Schwestern paßt ebensowenig in das Haus der teuflischen Giftmischerin wie zu der Nachbarschaft von Mazzesbäckern und einer Bonbonfabrik. In der Rue Geoffroy d'Asnier, gegenüber dem Palazzo des Kardinals Rohan, der dem Schwindler Cagliostro hineinfiel, diskutieren Anarchisten allabendlich über individuelle Revolution und staatslosen Kommunismus, und im Hotel Rohan selbst, dort, wo er die Juweliere empfing, die die teuersten Perlen und Diamanten der Welt zu einem Halsband für die Königin zusammenstellen sollten, kleben jüdische Heimarbeiter Kautschukmäntel für das Warenhaus Samaritaine, vier Francs beträgt der Lohn pro Mantel, zehn Stück könnte man in zehnstündiger Arbeit herstellen, wenn es soviel Arbeit gäbe.

5. *Notiz: Der Geist des Ortes,* ein stockkonservativer Geist, lagert noch immer über diesem einst aristokratischen Stadtteil. Sind auch Allongeperücken und Atlashosen nicht einmal mehr Objekte des Altkleiderhandels, ihre Zeitgenossen, die Zierlokken und Kaftane, gehen nach wie vor durch die Gassen. Die Plätzl-Bürger sind in patriarchalischen Gedankengängen befangen, eine Mischehe gilt ihnen als so entehrend wie den Urbewohnern eine Mesalliance, und die Synagoge in der Rue Pavé steht ebenso hoch im Kurs wie für die Herren der Liga die Kirche von St-Paul.

An den hohen Feiertagen gleicht der Pfarrsprengel von St-Paul den ostjüdischen Gemeinden von Polen und Rumänien, mit dem Unterschied, daß dort die Zahl der Synagogen und Betstuben stabil, der Zahl der Interessenten angepaßt ist, während im Plätzl die Fluktuation alle Berechnungen über den Haufen wirft. Birobidschan leert, Hitler füllt. Alle Tanzsäle werden am Versöhnungstag zu Gotteshäusern, kaum gibt es in der Gegend ein Haus, in dem nicht vom Parterre bis zum fünften Stock die Wohnungen zu Betstuben umgewandelt sind, pendelnde Körper unter seidenen Vollbärten und Gebetmänteln füllen die Zimmer und die um die Höfe führende Galerie so beängstigend, daß man fürchtet, das Geländer werde abbrechen. Vor dem Hauseingang warten Kinder (Knaben in Samtanzügen, Mädchen in hellen Festkleidern), bis „geleint", unwichtige Partien des Gottesdienstes abgehaspelt und Papa und Mama auf der Gasse erscheinen werden.

Auch die „Freigeister" verbringen den heiligen Tag in der Synagoge. Diamantennepper aus der Rue Lafayette, Börsenmakler aus der Rue du Quatre-Septembre, „Macher", die von der Behauptung leben, daß sie den Staatenlosen und Dokumentenlosen Ausweispapiere und Arbeitsbewilligungen verschaffen können – alle vereinigen sich heute zu dem Massenchor des Hustens und des Herunterleierns hebräischer Wörter.

Chassidim, Männer von berufsmäßiger Frömmigkeit, sind Stimmführer des Chors. Die typischen Typen des Ghettos, wie Itzele Menagen und Ephraim Tzizik, die sonst in den Cafés ihre aktuellen jüdischen Lieder verschleißen, husten und beten mit.

Es husten und beten mit: Wähler des Sozialdemokraten Léon Blum, es husten und beten mit: Anhänger des kriegerischen Zionisten Jabotinski, es husten und beten mit: Nachbarn Schwarzbarts, der den Pogrom-General Petljura erschoß, es husten und beten mit: Freunde des anarchistischen Atamans Machnow, es husten und beten mit: Gesinnungsgenossen des Menschewiken Abramowitsch, es husten und beten mit: Kleiderhändler vom Carreau du Temple, und es husten und beten mit: Besitzer der „Ateliers", in denen man Bastschuhe flicht, Trikotagen strickt, Hosen schneidert, Ledermäntel steppt, Gummimäntel klebt, Damenmäntel plättet, Wäsche näht, Mützen macht oder Handtaschen mit „Pontschkes" (Griffen) versieht. Es beten und husten nicht mit, und sind überhaupt nicht da: die Arbeiter dieser Kleinbetriebe.

Auf der Frauengalerie erörtert man das Schicksal von bas-jechide Chane, Hanna, der einzigen Tochter, die im Fortsetzungsroman der Zeitung „Heint" an jedem zweiten Tag von Mädchenhändlern entführt wird, um sich in den dazwischenliegenden Tagen vom treuen Liebhaber retten zu lassen. Eine ortsfremde Nachbarin verstünde die Gespräche schwerlich. „Meine Fiess gehn schon in die école" heißt keineswegs, daß ihre Füße schon in die Schule gehn, sondern ihre Söhne, fils.

Die Sitzplätze für den Tempel sind an den hohen Feiertagen nicht billig, für den Armen bedeutet diese Ausgabe, daß er auch am Tag nach dem Fasttag fasten muß, und selbst der Wohlhabende gibt nicht gern soviel Geld für unproduktive Zwecke aus. Aber was soll man machen, einmal im Jahr muß man schon das Opfer bringen, den lebenden Kindern zuliebe, damit sie fromm werden, und den toten Eltern zuliebe, die immer sehr fromm waren – ohne daß es ihnen den Pogrom und ihren Nachkommen die Flucht ins Pariser Plätzl erspart hätte.

6. *Notiz: Restaurants* halten am Fasttag geschlossen und erleben am Abend einen vervielfachten Ansturm hungriger Mäuler. Die billigen affichieren „Pri figs" und „Brojd a Dischkre-

tion", die teuren haben weiße Tischtücher, und viele ihrer Gäste tragen das Bändchen der Ehrenlegion im Knopfloch. „Tous les jours spécialités des krépleches" verzeichnen die Speisekarten, ferner „Poissons farcis", „Nüdelach avec Paveau", „Lokczen kes", „gefilté kiczke avec Ferfel" (man beachte den Accent aigu auf dem e, damit der gelernte Franzose es nicht etwa verschlucke) oder „Roti de veau avec kaché". „Scholet" wird Scholet geschrieben, ein Konservativismus fehl am Ort, denn gerade dieses Wort soll aus dem Französischen abgeleitet sein: man legte die „süße Götterspeise" am Freitagabend ins warme Bett (chaud lit), um sie am Samstag warm zu genießen, ohne den Ofen zu heizen, was die Religion verbietet.

Fourneau-alimentaire, die öffentliche Garküche, wird von Rothschild unterhalten. Rothschild ist ein berühmter Name in der Judenheit, kann's einen berühmteren geben? Es gibt einen, der berühmter ist oder wenigstens berühmter war. Den Namen des Capitain Dreyfus. Dieser selbige Capt. Dreyfus amtiert gerade gegenüber als Inspektor der école de travail, einer Fortbildungsschule für jüdische Lehrlinge. „Er kümmt presque jamais", sagt der Schuldiener achselzuckend, „was wollt ihr, aujourd'hui ist er ein vieillard."

7. Notiz: Im Einfahrtstor der alten Adelssitze legen Trödler ihr ganzes Warenlager an verbeultem Geschirr, zerbrochenen Leuchtern und zerschlissenen Kleidern aus. Die steinernen Karyatiden, Zeugen vergangenen Glanzes, müssen sich eine Schiefertafel gefallen lassen, auf der mit Kreide jeden Tag der Kurs von Stoffresten, Altpapier, Eisenstücken und Holzabfällen notiert wird. Auf französisch hat diese Ware den an Brokat erinnernden Namen „brocante", auf jiddisch aber heißt sie nur „Schmattes". Im barocken Hof liegen alte Wäschestücke und andere Lumpen zuhauf. Das Seitenpförtchen, einst von Lakaien benützt und manchmal von der Marquise als Durchschlupf zu heimlichen Liebesabenteuern, ist heute für die Wohnungsinhaber zum Haupteingang geworden.

Der Chiffonier, der Lumpenhändler im engeren Sinn, lebt nur von Hadern und Altpapier, leer ist das Schaufenster seines winzigen, modrigen Ladens. Viele haben nach Beginn des Hitlerterrors die erblindete Glastür ihres Geschäftchens über und über mit bedruckten Zetteln beklebt: „Les représentants des maisons allemandes ne sont pas reçu."

Groteske Vorstellung: die Vertreter deutscher Handelshäuser, steife Herren im Pelz, ein Paket zerschlissener Hadern unter dem rechten Arm, einen Stoß alter Zeitungen unter dem linken Arm, wollen bei dem Schmatteshändler in der schmutzig-schmalen Rue du Prévot vorsprechen, da erblicken sie diese Affichen und ziehen enttäuscht von dannen.

Ach, es ist nicht zum Lachen. Der arme Lumpenkleinbürger hat die Boykottpropaganda ernst genommen, mit der die nationalen und religiösen Juden vorgaben, gegen die Verfolgung ihrer Glaubensgenossen in Hitlerdeutschland protestieren zu wollen. In ohnmächtigem Fanatismus hat er sein winziges Gewölb mit den Boykottzetteln tapeziert, und sicherlich würde er kein noch so günstiges Geschäft mit dem Feind abschließen. Seine reichen „Mitstreiter" aber denken nicht eine Sekunde lang an ihre Parolen, wenn ein Profit lockt, und der Großhändler, an den der kleine Chiffonier seine Waren weiterverkauft, handelt ohne Gewissensbisse mit Nazideutschland, ob er, der Großhändler, nun Jude ist oder Franzose oder beides. So hat der großmäulig angekündigte Warenboykott die Flut der Greuel und Scheuel nicht eingedämmt, und die Gebete in der Rue Pavé und das koschere, koscherere und koscherste Fleisch und das Mazzes-Essen und das religiöse Fasten helfen weder den Juden im allgemeinen vor Verfolgung, noch retten sie den armen Chiffonier aus seiner Armut.

Aber im Plätzl leben nicht nur Kleinbürger, im Plätzl leben wie in Belleville und am Montmartre Zehntausende anderer Juden, solche, die wissen, daß im faschistischen Reich nicht ihre Glaubensgenossen, sondern ihre Klassengenossen gemordet und gemartert werden, die wissen, daß es kein Bündnis gibt zwischen arm und reich, daß Solidarität auf Grund von Religion und Rasse utopisch ist. Diese anderen wissen, daß sie die Genossen hingerichteter, eingekerkerter oder illegal weiterarbeitender deutscher Arbeiter sind, diese anderen kleben keine Boykottzettel, diese anderen kämpfen geschlossen gegen Dumpfheit und Reaktion und für eine Welt ohne Ghetto und ohne Klassen.

DEN GOLEM WIEDERZUERWECKEN

I

Er wohnte im Anbau der hölzernen Synagoge von Wola-Michowa, einem Nest in den Waldkarpaten, und dort lag, als wir in Reservestellung zurückgenommen wurden, unsere Kompanie. Aus und nach Wola-Michowa sprang das Trommelfeuer, der kleingewachsene Jude blieb und erduldete Einquartierungen von Russen, Deutschen und Österreichern; eine Ecke des Zimmers hatte er als Schlafstätte für sich, seine Frau und seinen elfjährigen Sohn hergerichtet und durch einen Vorhang aus zwei Zeltblättern vom übrigen Teil des Raumes abgetrennt.

Hinter dem Ofen lagen, durcheinandergeworfen, Bücher. Die vielen, vielen Soldaten, Offiziere auch, dürften oft lektürehungrig nach ihnen gegriffen haben, aber es waren durchwegs hebräische Drucke, und sie flogen rascher, als sie in die Hand genommen worden waren, auf den Haufen hinter dem Herd zurück. Ich mochte etwas länger in einem der Lederbände geblättert haben, und so entstand aus seiner Frage „Ihr könnt das lesen?" ein Gespräch.

Als der Name Prag fiel, schaute er überrascht auf, und es war an mir, wissen zu wollen, ob er die Stadt kenne. „Ob *ich* Prag kenne!" rühmte er sich mit verschmitzter Glückseligkeit, aber auf meine Frage, wann er dort gewesen sei, antwortete er: „Noch nie im Leben war ich dort." – „Wie könnt Ihr also sagen, daß Ihr's kennt?" – „Ich hab's gelernt." Und er holte aus der Unordnung beim Ofen einen veralteten deutschen Reiseführer von Prag hervor. „Ich hab's gelernt, ich kenn mich aus in der Stadt, vielleicht weiß ich mehr von Prag als ein Prager!" – „Weshalb interessiert Euch gerade diese Stadt?" – „Ich will einmal hinfahren. Prag ist eine schöne Stadt, eine fromme Kille." Vorsichtig fügte er hinzu: „Kann sein, ich fahre auch anderswo hin..."

Später, wohl in der Hoffnung, einmal meine Einladung nach

Prag annehmen zu können, gestand er mir: Vor allem interessiere ihn in Prag das Grab des Hohen Rabbi Löw und die Stätte, wo der Sage nach der Golem liege, die Lehmfigur, die einst der Hohe Rabbi Löw geformt und der er Leben eingehaucht hatte. „Wo liegt er denn?" Er machte Ausflüchte, das wisse er nicht genau, aber in Prag werde er's schon finden.

Eines Abends suchte ich mir den Reiseführer von Prag hinter dem Herd hervor; im Stadtplan fanden sich Bleistiftstriche, die die Altneusynagoge mit zwei Gäßchen der Judenstadt verbanden und von dort durch die Neustadt und die Vorstadt Žižkov zum Rand der Karte führten. Bei unserem nächsten Gespräch bemerkte ich, ich hätte einmal gehört, der Golem liege in der Altneusynagoge. Der kleine Jude nickte verneinend. „Ich weiß, warum Ihr das glaubt, Ihr kennt dieses Buch da, nicht wahr?" Nein, ich kannte den dunklen Lederband nicht, den er mit blinder Sicherheit aus dem Foliantenchaos herausgriff und mir vorzulesen begann.

In der Einleitung war ein Gutachten von Dr. A. Berliner, Dozenten am Berliner Rabbinerseminar, zitiert, dieses Buch sei ein Sammelsurium des Aberglaubens und sollte nicht gedruckt, sondern verbrannt werden, ein vernichtendes Urteil, dem der Herausgeber die Antwort entgegensetzt: „Verbrannt soll der werden, der an bewiesene Tatsachen nicht glaubt!"

Der Tempelbewohner von Wola-Michowa war ganz dieser editorialen Ansicht, er zweifelte nicht an der Richtigkeit der in diesem Buch enthaltenen Mitteilungen, wenn er sie auch für unvollständig hielt. Besaß er doch die Fortsetzung, eine handschriftliche Familienchronik, über die er allerdings mit mir erst sprach, als wir miteinander fast befreundet waren und ich ihm hoch und heilig geschworen hatte, nicht nach der Golemfigur zu forschen, bevor er zu mir nach Prag kommen werde. Den dunklen Lederband aber schenkte er mir.

Der Text des Titelblattes lautet: „Meisse punem (Seltsame Geschichten); da sind beschrieben die Maufsim (Wunder) von dem großen berühmten Welts-Gaon (Koryphäe), welcher genannt wird mit Namen Maharal Miprag – Secher zadik wekodosch liwrocho (das Andenken des Frommen und Heiligen sei gesegnet) –, die er vollbracht hat mit Hilfe von dem *Golem*; beloschen hakodosch we-iwri-deutsch (in hebräischer und jiddischer Sprache), Mouzi leor (verlegt) durch Hirsch Steinmetz in Frisztak, Druck von E. Salat in Lemberg, Bi'Sch'nas (im Jahre) 5671."

Das Buch erzählt, aus welchem Grunde und in welcher Weise nach einer auf dem Hradschin erfolgten Unterredung zwischen Kaiser Rudolf II. und dem Hohen Rabbi Löw dieser dem Golem die Lebenskraft wieder genommen habe. Eine Audienz des Rabbi Löw bei Rudolf II. ist historisch beglaubigt. „Heute am Sonntag, den 10. Adar des Jahres 5352 nach Erschaffung der Welt (23. Februar 1592) erging", so verzeichnet Rabbi Isak Kohen in seinen Memoiren, „durch den Fürsten Berthier ein Befehl des Kaisers an Mordechai Meisel und Isak Weisl, daß sich mein Schwiegervater Rabbi Löwe in der Burg einfinden solle. Diesem Befehle gemäß begab er sich dahin, von seinem Bruder Rabbi Sinai und mir begleitet. Fürst Berthier führte meinen Schwiegervater in ein anderes Gemach, wo er ihm einen Ehrensitz anwies und ihm gegenüber Platz nahm. Der Fürst befragte ihn über die geheimnisvollen Dinge, sprach aber dabei so laut, daß wir alles hören konnten. Das laute Sprechen hatte seinen guten Grund, es geschah, damit der Kaiser, der hinter einem Vorhang stand, das ganze Gespräch hören könne. Plötzlich öffnete sich der Vorhang, die Majestät trat hervor, richtete an meinen Schwiegervater einige auf die Unterredung bezügliche Fragen und zog sich dann wieder hinter den Vorhang zurück. Den Gegenstand der Unterredung müssen wir aber, wie es bei königlichen Angelegenheiten üblich ist, geheimhalten."

David Gans, Mathematiker, Historiograph und Freund des kaiserlichen Hofastronomen Tycho de Brahe, berichtet in seiner Chronik, daß Rabbi Löw zeit seines Lebens tiefstes Stillschweigen über den Besuch auf dem Prager Schloß beobachtet habe.

Ohne Zweifel wollte der in Astrologie und Alchimisterei tief versponnene Habsburger etwas über die kabbalistische Geheimwissenschaft erfahren. Daß Rabbi Löw, der Hohe, ihr huldige, war bekannt, und er selbst hat es zugegeben. „Wer diese meine Aussprüche versteht, weiß auch, wie sehr sie in der

Weisheit der Kabbala begründet sind", schreibt er in einer Polemik, und an anderer Stelle beginnt er mit den Worten: „Wenn man die Kabbala kennt, deren Lehren wahr sind..."

In dem angeführten Sagenbuch meines Wola-Michowaer Freundes wird nun als Todesanlaß des tönernen Homunkuliden eine nächtliche Audienz hingestellt, die der historisch beglaubigten um zwei Jahre voranging. Der Rabbi habe vom Kaiser die Zusage erlangt, von nun an dürfe niemand mehr die Beschuldigung des Ritualmords erheben und die Judengasse werde vor Ausschreitungen geschützt bleiben. In den darauffolgenden Ostertagen, 1590, kam es nicht mehr zu den alljährlich üblichen Exzessen gegen das Ghetto. Der Golem, vor allem zur Ausforschung von Verbrechen geschaffen, die man den Juden in die Schuhe schob, ward nun eine überflüssige Existenz und konnte beseitigt werden.

„Wieeso hat der Maharal newaar gewesen (vernichtet) den Jossile Golem", wird ausführlich beschrieben. Der rabbinische Pygmalion beruft seinen Schwiegersohn Jakob Katz und seinen Schüler Jakob Sosson, den Leviten, zu sich, erklärt ihnen, man bedürfe des Lehmkolosses nicht mehr, und gibt dem Jossile Golem den Befehl, heute nacht nicht in der Gerichtsstube zu schlafen, sondern auf dem Dachboden der Altneusynagoge.

Es ist Lagbeomer, dreiunddreißigster der neunundvierzig Tage, die man zwischen Ostern und Pfingsten zählt. Um Mitternacht steigen die drei Männer auf den Dachstuhl. Bevor sie hinaufgehen, beginnt Jakob Katz (der Name „Katz" ist aus den Anfangsbuchstaben der Worte „Kohen zedek" gebildet und bezeichnet einen Abkömmling des palästinensischen Priesterstammes) einen Disput darüber, ob er als Kohen in die Nähe einer Leiche gehen dürfe; Rabbi Löw belehrt ihn, das Leben einer von Menschenhand aus Ton geformten Puppe sei kein Leben im göttlichen Sinne und ihr Tod kein Tod.

Ihr Tod kein Tod. Der christliche Romantiker Clemens Brentano, der Golemsage hingegeben, meint, nur das Wort erschaffe und belebe. Zerstöre man das Wort, so zerstöre man das Sein: „Der Meister braucht von dem Worte ‚Anmauth' (Wahrheit), das er bei Erschaffung des Golems auf dessen Stirn geschrieben hat, nur die Silbe ‚an' zu verlöschen, so daß das Wort ‚Mauth' übrigbleibt, welches ‚Tod' bedeutet; im selben Augenblick zerfällt der Golem in Lehm."

So einfach ist aber die Sache nicht gewesen, wenn wir unserem Legendenbuch glauben sollen. Rabbi Löw, Jakob Sosson und Jakob Katz nehmen zu Häupten des schlafenden Golems Aufstellung – seinerzeit, als sie die Form, aus Lehm gebrannt, zum Leben erweckten, standen sie zu seinen Füßen. Ihre Blicke gegen seine Füße gewendet, beginnen sie die Zeremonie, umschreiten siebenmal den Körper, geheimnisvolle Formeln litaneiend. Während dieser Beschwörung steht Abraham Chajim, der alte Tempeldiener, mit zwei brennenden Kerzen an der Tür und sieht stumm zu. Bei der siebenten Um-Wandlung ist das Leben des Golems in den Tod umgewandelt, ein bekleideter Klumpen liegt da, verstummter Ton.

Der Magus ruft den Tempeldiener herbei, nimmt ihm die Kerzen aus der Hand, stellt sie zu Füßen der leblosen Figur nieder, zieht ihr die Kleider aus und wickelt sie in zwei Gebetmäntel. Acht Hände packen an, um den Lehmklotz unter einen Berg von hier aufgestapelten Büchern und Papieren zu schieben, so daß nichts, auch keine Zehenspitze, herauslugt. Die Kleider werden hinuntergetragen und verbrannt.

Am nächsten Tag wird ausgesprengt, Jossile Golem sei „brojges geworden", in Zorn geraten, und nächtlicherweile entwichen, und zwei Wochen nach der Beschwörung dekretiert Rabbi Löw: Von nun an ist es niemandem erlaubt, den Dachboden der Synagoge zu betreten, Bücher und Schriften dürfen wegen Feuersgefahr nicht mehr dort aufbewahrt werden. „Aber einige kluge Leute", so schließt das Buch, „haben gewußt, daß der Maharal Miprag das Verbot nur deshalb erlassen hat, damit man des oben liegenden Golem nicht gewahr werde."

Bei dieser Stelle hatte mein galizischer Okkultist überlegen lächelnd den Kopf geschüttelt. In seiner handgeschriebenen Broschüre stand ja die Fortsetzung dieser Entzauberungsprozedur, er lächelte über die „klugen Leute", die die Beerdigung auf dem Dach für das Ende der Geschichte vom Golem hielten.

Als ich ihn wiedersah, lächelte er nicht mehr. Das war

zweieinhalb Jahre später in der Leopoldstadt Wiens, sein geringeltes Schläfenhaar war grau, war schütter geworden. Mit einer müden Geste wehrte er ab, als ich von seinem Geheimnis zu sprechen anfing. „Ich habe andere Sorgen." Eine Granate hatte seinen Sohn im Tempelanbau von Wola-Michowa zerrissen, und kurz darauf war seiner Frau etwas Furchtbares geschehen, er sagte nicht, was es war. „Sie liegt im Allgemeinen Krankenhaus, und ich habe kein Geld." Wir setzten uns in ein Lokal, er aß fast nichts, und kein Gespräch kam zustande, denn unsere gemeinsame Erinnerung knüpfte sich an einen Karpatenort, an den er nicht denken wollte. „Und der Golem?" – „Ich werde ihn nicht mehr suchen." – „Soll ich ihn suchen?" – „Machen Sie, was Sie wollen."

II

Die Sage, das Dachgestühl der Altneusynagoge sei die Gruft des Golems, hat sich durch die Jahrhunderte erhalten. Als die im Jahre 1718 von Maier Perls, Aktuar in Prag, erschienene Schrift „Megilath Jochasin", die die Traditionen über die Wundertäterei des Hohen Rabbi Löw verzeichnet, in der Mitte des vorigen Jahrhunderts eine neue Ausgabe erlebte, behauptete der Herausgeber, daß die Figur des Golems noch auf der Bodenkammer der Altneusynagoge liege. Der Lemberger Rabbiner Joseph Saul Nathanson wollte den Raum betreten, doch wurde ihm dies mit der Begründung verwehrt, das Verbot des Rabbi Löw bestehe noch immer streng zu Recht. Vor kurzem habe der Prager Oberrabbiner Ezechiel Landau nach langem Fasten in Gebetmantel und Gebetriemen das Dach bestiegen, während seine Schüler Psalmen singen mußten; nach geraumer Zeit sei Landau mit verstörtem Gesicht zurückgekehrt und habe verkündet: „Niemand wage es mehr, die letzte Ruhe des Golems zu stören."

Meine ersten Versuche, mir von den Tempelfunktionären den Schlüssel zum Dachgeschoß zu verschaffen, stießen auf Ablehnung. Im Innern des Tempels führe keine Treppe hinauf, bloß durch Emporklettern der Außenmauer sei die Bodenkammer zu erreichen, was bei den Straßenpassanten Aufsehen hervorrufen würde. Überdies seien Unfälle vorgekommen, an die sich unliebsame Diskussionen knüpften. (Die Ruthsche „Kronika Král. Prahy" teilt Verbote mit, die lange vor des Rabbi Löw Zeit erlassen waren.) „Man erzählt sich, nach der Vernichtung von Jerusalem hätten Engel einen Teil des Tempels Salomonis nach Prag getragen und den Juden befohlen, niemals dieses Gebäude auszubessern und nichts an ihm zu ändern. Wer sich dessen unterfange, müsse allsogleich sterben. Und so kam es, daß einmal, als die Ältesten der Judengemeinde das Gebäude renovieren ließen, nicht nur der Baumeister mit seinen Gehilfen vom Dache stürzte, sondern auch die Auftraggeber starben, bevor noch die Arbeit recht begonnen war."

Seitdem in den siebziger Jahren ein Rauchfangkehrer namens Vondrejc auf die Straße herabstürzte und tot liegenblieb, ist niemand oben gewesen. Vor dem Ringtheaterbrand hatten noch nicht einmal die Eisenklammern hinaufgeführt, sie wurden erst im Jahre 1880 auf Anordnung der Feuerpolizei angebracht.

Schließlich erwirkte ich mir vom Tempelvorstand die Erlaubnis, auf das Dach klettern zu dürfen. Morgens um acht Uhr kam ich hin. Herr Zwicker, seit achtunddreißig Jahren des Hauses redlicher Hüter, riet mir dringend ab und stellte auf meine Frage, ob er schon einmal oben war, die Gegenfrage, ob er denn meschugge sei. Mit achselzuckendem „Von mir aus" händigte er mir den Schlüssel ein.

Ich überkrieche das Gitter, das den kleinen, kahlen Vorgarten an der Niklasstraße umschließt, zog eine Leiter hinüber und legte sie unterhalb der Eisenklammern an, deren tiefste erst zwei Meter über der Erdhöhe eingerammt ist, damit kein Unberufener emporsteige. Die Blicke erstaunter Passanten im Rücken, kletterte ich achtzehn Eisensprossen hinauf, die oben eine starke Biegung nach links beschreiben, schwang mich in die Spitzbogennische und sperrte die stöhnende Eisentür auf. Ich stand inmitten einer spitzen Pyramide, deren Boden sich in massiven Wellen wölbt.

Die Basis der Synagoge liegt so tief unter dem Straßenniveau, daß du auch hier oben auf keiner besonderen relativen

Höhe bist; du siehst dich der Uhr des jüdischen Rathauses gerade gegenüber, deren Zeiger sich von links nach rechts bewegen. Durch mehrere Dachfenster dringt Licht herein. Es fehlt also nicht nur das Bewußtsein der Höhe, es fehlt auch das mystische Düster, das dich zum Beispiel im Giebelgeschoß des Sankt-Veits-Doms beklemmend umfängt.

Und doch bist du oberhalb der Altneusynagoge nicht minder unter dem Eindruck der Jahrhunderte als oberhalb der Kathedrale. Während die steinernen Wölbungen von St. Veit auch an ihrer den Betern unsichtbaren Außenseite sorgsam vertüncht und zu glatten, einheitlich grauen, geometrisch regelmäßigen Wellen gefügt sind, greifen die Bogen hier zackig und grob ineinander, dir ist, als stündest du in einer Gebirgslandschaft, flache Berge vor und neben dir und Täler. Oben im christlichen Dom kannst du unter dem Gebälk das Kirchenschiff auf breiten, festen Stegen überqueren, kannst rings um das Schiff auf breiten, festen Stegen gehen. Hier aber ist nur ein morsches Brett vom Eingang nach vorn gelegt, du prüfst mit dem Fuß dessen Festigkeit und entschließt dich dann, den Rundgang lieber auf dem Rücken der Wölbungen zu machen oder auf den Sparren zu balancieren und dich an den Trämen und Pfetten festzuhalten, ob auch deine Hände noch so tief in Staubschichten fassen, ob auch dein Gesicht noch so oft in Spinnweben stößt.

Über die Breitseite spannte sich eine Eisenstrebe; eine Leiter, mit Eisenklammern befestigt, führt zum Schornstein. Ein altes Kaminrohr liegt auf dem Boden und das Gerippe eines Vogels, der hier einsam starb. Sonst siehst du nur Geröll und zerbrochene Ziegel. Schwämme wuchern in grotesken Formen, kopfabwärts hängt eine Fledermaus zwischen den Balken.

In den Senkungen der aneinanderstoßenden Wölbungen oberhalb der Widerlager ist der Schotter durch Kalkstaub und Feuchtigkeit zu einem Konglomerat geworden. Wenn darunter der Lehmskulptur des Rabbi Löw das Grab bereitet ist, niemals wird sie gefunden werden. Wollte man sie exhumieren, so stürzte der Tempel ein.

Wahrlich ein Raum, den Golem zu erschaffen und den Golem zu bestatten, wahrlich ein Raum für Mystagogen. Hier wäre ein Platz für das Laboratorium des Domherrn Claudius Frollo oder für das seines jüdischen Widerparts, des Rabbi Löw; hier wäre die rechte Schlafstube für das dumpfe Ungetüm, ob es nun Quasimodo oder Golem heißt, hier die geeignete Kulisse für eine Zusammenkunft des Königs von Frankreich mit dem Goldmacher in der Soutane, für den Kaiser von Deutschland mit dem Thaumaturgen im jüdischen Gebetmantel. Was ist denn Victor Hugos „Nôtre Dame de Paris" anderes als die Golemsage, erhoben aus der Gedrücktheit des Prager Ghettos in die Himmelshöhen der Pariser Domtürme, aus der Geistesrichtung des Baal Schem in die des Pelagius von Eclamum. König Ludwig XI. holte sich Rats von dem zaubereibeflissenen Domherrn, so wie sich Rudolf II. mit dem wunderkundigen Rabbi besprach. Esmeralda weckt in dem unförmigen Quasimodo die Liebe wie – eine Prager Judensage vermeldet es – des Rabbi blankes Töchterlein in Quasimodos Prager Ebenbild. Pogrompöbel stürmt das Prager Judenviertel, und die Pariser Frauenkirche wird von den Bewohnern des verrufenen „Wunderhofs" gestürmt, deren Häuptling sich „Mathias Hunyadi Spicali, Herzog von Ägypten und Böhmen" nennt.

Die Fledermaus beginnt zu schaukeln. Wenn Fledermäuse erwachen, sollen sie sich im Menschenhaar verfangen. Vom Golem ist nichts zu sehen.

Ich trete in die Nische hinaus, die rostige Tür hinter mir halb schließend, und schwinge mich auf die eisernen Sprossen, dann ziehe ich die Tür vollends zu, sperre ab und klettere hinunter. Die Zahl der Neugierigen hat sich erhöht.

Im Vorraum der Synagoge wasche ich mir im alten kupfernen Waschbecken die Hände. „No? Haben Sie den Golem gefunden?" forscht Herr Zwicker in einem Ton, in dem sich Neugierde mit jener Ironie mengt, die er „Nekome" nennen würde.

III

Die Kletterpartie aufs Dach der Altneusynagoge hat mir also keine Begegnung mit dem Golem vermittelt. Schon diese Tatsache hätte meinem Informator aus Wola-Michowa bestätigt, daß die Angaben im dunklen Lederband überholt seien.

Wohl habe am Lagbeomer der Hohe Rabbi Löw seinem modellierten Knecht das Leben wieder genommen und ihn unter der Makulatur in der Dachkammer begraben, „aber er ist nicht mehr dort, Ihr könnt mir's glauben. Er war schon nicht mehr oben, als der Maharal verboten hat hinaufzugehen. Abraham Chajim, der Schames, und sein Schwager haben ihn weggetragen. Schon in der nächsten Nacht, nachdem der Rabbi oben war..."

Bedeutungsvoll hatte mein Wola-Michowaer Gastfreund sein Kleinod hinter dem Herd hervorgeholt, das Manuskript von sechzehn Oktavseiten in hebräischem Kursiv, mit Tabellen in Quadratschrift. Von einem Weisen habe er es, von einem Weisen, mit dem er sich in Przemyśl angefreundet. Nur achtzig Gulden habe es gekostet. Meinem naiven Freund schienen die Papiere alle Geheimnisse des Seins zu enthalten, wenn er sie glättete, war es, als ob er sie streichle.

Armer, vertrauensseliger, abergläubischer Dorfjude! Nichts stand in deinen Skripten davon, daß eine Granate dein Kind zerreißen wird, daß deine Frau geschändet und vernichtet werden wird. Nicht stand darin, du werdest deine Wundergläubigkeit verlieren, aus deiner Heimat verjagt, verzweifelt in Wien umherirren. Wie gleichgültig war der Golem dir geworden, als ich dich am Praterstern nach ihm fragte. Und im Jahre 1915 in Wola-Michowa hattest du mir so stolz aus der Schrift den Weg erklärt, den der tote Golem genommen und dem du folgen wolltest, um den starken Knecht wiederzufinden und wiederzuerwecken, den Versuch des Tempeldieners Abraham Chajim vollendend.

In jenem Tempeldiener Abraham Chajim war gleich nach der Entzauberungsszene der Wunsch erwacht, des Meisters ausrangierten Automaten für sich zu verwenden. Seine Worte merkt ich und den Brauch, und mit Geistesstärke, denkt der Zauberschames, tu ich Wunder auch.

Seinen Schwager und Berufskollegen, Abraham Secharja, Tempeldiener der nahen Pinkasschul, weihte er in den Plan ein, und sein Schwiegersohn, Ascher Balbierer, der sich mit mysteriosophischen Dingen beschäftigte, sollte feststellen, in welcher Weise der Golem zum Leben zu erwecken wäre. Nach einigen Tagen gab Ascher Balbierer an, im Sohar die Beschwörungsformel gefunden zu haben. Zu nächtlicher Stunde gruben die drei Männer den Jossile Golem aus dem Schriftenberg und trugen ihn durch die Belelesgasse und die Schebkesgasse – sie wollten die belebte Breite Gasse vermeiden – in den Keller des Hauses in der Zeikerlgasse, das zum Teil dem Ascher Balbierer gehörte und wo er auch wohnte.

Dort unten beginnen sie die Wiedererweckung. Sie nehmen jene Position ein, die Chajim den drei Rabbinern abgeguckt hat, sie umwandeln den Golem, ohne ihn von einem Toten zu einem Lebenden umwandeln zu können. Siebenmal bewegen sie sich von seinen Füßen zu seinem Kopf. Ununterbrochen murmeln sie das hebräische „Walle, walle manche Strecke", das Ascher Balbierer herausgefunden hat. Nichts wallt. Der Golem liegt da wie ein Klotz. Wie ein Klotz spottet er allen Wiederbelebungsversuchen. Ascher Balbierer tut erstaunt. „Das nenn ich tot sein!" Man versucht es von neuem. Nacht für Nacht.

Zu dieser Zeit brach in Prag die Pest aus, zwölfhundert Menschen starben. Als einziges Haus der Zeikerlgasse wurde das von Ascher Balbierer heimgesucht, die beiden ältesten seiner fünf Kinder wurden hingerafft. Seine Gattin, Frau Gele, hatte schon vorher gegen die Aufnahme des Golems gezetert, weil sie fürchtete, im Falle einer Entdeckung würde ihr Vater seine Stellung wegen Vertrauensmißbrauchs verlieren, ihr Gatte und ihr Onkel wegen Überschreitung des rabbinischen Verbots bestraft werden. Außerdem hegte sie wohl kein sonderliches Vertrauen in die kabbalistischen Zauberkünste ihres Mannes. Und nun erkrankten noch die Söhne! Frau Gele war überzeugt, kein anderer als der Golem habe ihr das Unglück ins Haus gebracht, und als die Kinder starben, war es entschieden: Er mußte fort.

Nachdem die beiden Leichen gewaschen und vor den Trauergästen in die Särge gebettet worden waren, wurde insgeheim eines der Kinder wieder herausgenommen und zu dem anderen gelegt. In dem zweiten Sarg aber brachte man nun den Golem unter. Ein Karren fuhr die drei Körper in der Richtung gegen Sonnenaufgang auf den Pestfriedhof vor die Stadt.

Hier haben Abraham Chajim und Abraham Secharja den Sarg mit dem Golem auf den Galgenberg hinaufgetragen, „der da gelegen ist eine Meile und zweihundert Klafter vom Neustädter Tor, auf der Wiener Landstraße, und haben ihn eingescharrt auf der Seite, die der Stadt zugekehrt ist, am Abend des fünften Adar".

So schließt die Geschichte im Manuskriptum. Der Sinn der Golemsage, der Wille zur Macht und seine Überwindung, ist darin zur zweiten Potenz erhoben: Dem Magier, der die Adamsschöpfung nachahmt, folgt der Diener, dessen Streben es ist, seinerseits einen Diener zu haben, und der sich nun im Keller mit Abrakadabra lächerlich abquält, einem Lehmklumpen das „Stehe auf und wandle" beizubringen.

Der Meister hat seinen Frevel selbst beseitigt, der Lehrling wird durch Aberglauben an seinem abergläubischen Beginnen gehindert, er hält den irdenen Gast im Keller für den mordenden Tod und verscharrt ihn auf dem Galgenberg.

Seltsam aber an dieser gewollt-ungewollten Allegorie, an dieser handschriftlich verschleißten Mystagogennarretei ist es, daß alle ihre Orts- und Zeitangaben mit historisch erwiesenen Tatsachen genauer übereinstimmen als die des gedruckten Buches. Während der im Buch erwähnte Schwiegersohn des Rabbi Löw namens Katz nirgends beglaubigt ist, hat es einen Tempeldiener der Pinkassynagoge, Abraham Ben Secharja, wirklich gegeben; sein Grabstein auf dem alten Judenfriedhof berichtet, daß Secharja im Jahre 1602 starb und dreißig Jahre lang besagtes Amt bekleidet hat, also in der Zeit, in der die Sage spielt.

Auch die Angaben des Weges in die und von der Zeikerl (Zigeuner)-Gasse entsprechen lückenlos dem zeitgenössischen Plan Prags, „Prage Bohemica Metropolis Accuratissime expresse 1562", dessen Original in Breslau erhalten ist. Zweieinhalb Kilometer von den Zinnen der Stadtmauer, vom Neutor entfernt, sehen wir auf der Karte den Galgenberg mit Rad und Galgen.

Dort draußen in Žižkov, auf dem niederen Sandsteinhügel, der „Židová pece", Jüdischer Backofen, heißt, wurden jahrhundertelang die Armensünder vom Leben zum Tode gebracht. Der letzte hieß Wenzel Fiala, war ein junger Kellner und hatte seine Geliebte umgebracht; am 18. Juni 1866 fuhr er unter den Galgen. Zehntausende von Menschen starrten von Schaugerüsten und von den Anhöhen auf ihn, Würstelmänner, Bänkelsänger, Schaubudenbesitzer und fliegende Händler hatten bei diesem Volksfest vollauf zu tun, dem der Tag von Königgrätz folgte, Verwundetentransporte, Bismarck, der Sieger.

Kanonendonner von Königgrätz, 1866 ... Im Kanonendonner von Uzok, 1915, hat mir mein Freund in Wola-Michowa erklärt, warum er im Plan von Prag den Bleistiftstrich in der Richtung gegen jenen Hügel gezogen hat, den ich eben betreten habe, eine Fährte aus Rudolfs II. okkultistisch gelaunter Zeit verfolgend.

Da stehe ich nun auf dem Platz, zu dem der letzte Weg des Golems geführt haben soll. Grab des Golems: ein kaum fünf Meter hoher Hügelzug, schüttere Grasbüschel.

Der Abend bricht an, schon sind die Fabriksirenen verschrillt, die Kuppeln der Wolschaner und Straschnitzer Friedhofskapellen lockern ihre Konturen, über dem Schlot der Kapselfabrik steht eine helle, erstarrte Rauchsäule wie das geblähte Tuch einer Standarte.

Um den Fußballplatz des SC Victoria läuft ein trainierender Leichtathlet, in den Schrebergärten, die sich bis zu den Hügeln drängen und deren Hütten armselig wie Bauernaborte sind, fangen Fabrikarbeiter jetzt für sich zu arbeiten an. Vor dem Haus der Schußwaffenüberprüfungskommission langweilt sich ein Wachtposten.

Unter mir sind Abraumplätze; zerbrochene Kochtöpfe und Waschbecken aus Blech, rostige Konservenbüchsen, unheilbar verbeulte Bratpfannen, Kasserollen, Topfdeckel und Reibeisen mit hypertrophischen Löchern lagern auf unregelmäßigen

Haufen. Die Farben dieser Žižkover Dolomiten mischen sich mit Gummigut.

Verrußte Liebespaare suchen sich die engsten Mulden. Rachitische Kinder, zehnjährig, zwölfjährig, schleichen sich indianisch heran, um etwas vom Liebesverkehr zu lernen.

Die Hügel sind von Spaten unterwühlt; nur dünne Sandschichten, überhängend, bilden das Dach der Höhlen. Überall könnte man einen Sarg mit dem Golem hinlegen und den Überhang einstürzen lassen.

Ein dreijähriges Mädchen hat sich vom Abraum einen zinnernen Nachttopf geholt, um darin aus Sand einen guten Gugelhupf zu backen; die Mutter, die mit einem Soldaten etwas abseits sitzt, stößt den Napf mit dem Fuß fort und schlägt das weinende Kind; Mutters uniformierter Liebhaber lacht dazu.

Menschen gehen müde, gebeugt, blutleer aus den Betrieben in ihre Wohnungen hinter der Stadt, nach Hrdlorez, Maleschitz oder noch weiter.

Und über dem Grab des Golems stehend, weiß ich, warum es sein soll, daß der dem fremden Willen bedingungslos untertane und für fremden Nutzen arbeitende Roboter unwiederbringlich bestattet liege.

NACHWORT

In grauer Broschur präsentierten sich 1934 Egon Erwin Kischs »Geschichten aus sieben Ghettos« zum ersten Mal. Auf dem vorderen Einbandkarton eine Zeichnung – sie zeigt in kargen Umrissen einen Mann, der in lässiger Haltung, an ein Fenster? eine Tür? gelehnt, Hand in der Hosentasche, Schiebermütze auf dem Kopf, das Panorama einer Stadt betrachtet. Von dem Graphiker P. L. Urban stammte die Idee, er gab auch die scharf geschnittenen, sehr einfachen, sehr expressiven Skizzen, die in das Buch eingestreut sind, eher eine Begleitung der Texte als ihre Illustration. Auf dem hinteren Einbandkarton und auf seiner Innenseite Ankündigungen von neuen Druckerzeugnissen, von Bertolt Brechts »Dreigroschenroman« und von Max Brods Biographie »Heinrich Heine« – Kischs Buch kam bei Allert de Lange heraus, in dem Amsterdamer Verlagshaus, das Publikationsmöglichkeiten bot für nicht wenige der Autoren, die im Deutschland der Nationalsozialisten seit 1933 nicht mehr gelitten wurden, die aus Deutschland geflohen oder ausgewiesen worden waren. Kisch, der tschechische Staatsbürger gehörte zu ihnen. Man hatte ihn nach dem Reichstagbrand verhaftet und schließlich nach Prag abgeschoben, sein Name stand schon auf der ersten amtlichen Liste der von den Nazis verfemten Schriftsteller, Druck in Deutschland und Aufnahme in die Bibliotheksbestände wurden damit ausgeschlossen; der Verlag Allert de Lange, der Briefwechsel bekundet es, war sehr bemüht, Kischs Schriften in Westeuropa zu verbreiten, von ihm stammt auch die Anregung, eine Reportage über Amsterdam zu schreiben, die zu den glänzenden Arbeiten des Ghettobuches zu zählen ist. Auf der vorderen Innenseite des Einschlags heißt es: »Kisch, der berühmteste Reporter der Welt, auf allen Kontinenten und in ihren Schlupfwinkeln heimisch, hat in diesem Buch seine eigenartigsten Erlebnisse mit Juden gesammelt. Skurile Menschen in skurilem Milieu, die sagenhaft reichen Sassoons von Shanghai, die witzigen Schnorrer im Schatten der

Prager Alt-Neu-Synagoge, die drei Geschäftemacher der Großen Französischen Revolution, die mit Danton gemeinsam auf das Schaffott steigen, die Bewohner des Amsterdamer und Pariser Ghettos und andere Typen aus anderen Bezirken wirbeln in drastischen Novellen, glänzenden Humoresken und minutiösen Reportagen ihren Reigen durch E. E. K.'s neues Buch.«

Skurril? Seltsames und Possenhaftes stellen wirklich mehrere der Prosastücke vor, die der Band versammelt, und gerade die, die sich als Geschichten aus Prag und seinem Umland darbieten. Anekdotisches findet sich ein. Dessen Stoffe mochte Kisch aus Erzählungen der Leute kennengelernt haben – wie den von dem Kaufmann Schime Kosiner, der starrsinnig-schrullig ein Geschäft ausschlägt und gerade so sein Geschäft macht, im übrigen aber als ein Philosoph immer wieder aufs Neue die »Loreley« abschreibt, in verschörkelten Schriftzeichen (die übrigens in der spöttischen Wiedergabe durch Urban genau den Buchstabenspielen Kischs gleichen); oder den von dem armen Mendele Mändel und dem reichen Börsenrat Samek, der einen Tag lang schnorren muß, um die Verwirrungen zu lösen, die der Streit der Väter in die Liebe ihrer beiden Kinder brachte. Und dargebracht werden Merkwürdigkeiten, die der Berichterstatter selbst bei seiner Arbeit für die Zeitung dem Leben hatte absehen können – wie die von dem Redakteur Lobing, der eigentlich Löwi hieß und ehemals ein meinungsbildender Leitartikler gewesen war, in seinem Alter aber weder die Änderung seines Namens mehr wahrnehmen konnte noch den Umstand, daß inzwischen das Kaiserreich von einer Republik abgelöst worden war; oder die von dem Straßentypen Jack Oplatka, der »Kobi« hieß, bevor er zum Schläger wurde, um zu beweisen, daß Juden keine Feiglinge sind, und der sich so glänzend in den Regeln der katholischen Messe auskennt, weil er selbst als Ministrant gewirkt hatte.

Gar nicht skurril – der Klappentext der Erstausgabe verharmlost die Folge, macht das Ganze zur Humoreske – sind jedoch die beiden anderen Sorten von Ghettogeschichten, die das Buch ebenfalls sammelt. Auf der einen Seite die Stadtskizzen, die detaillierten Beschreibungen der »Plätzel«, die Beobachtungen am Dasein der Juden in Amsterdam, in Shanghai, in Paris, die

Gegenwartsansichten mit einer Vielfalt von Auskünften zur Geschichte der Juden, zu besonderen Ereignissen und zum Alltag verweben. Und auf der anderen Seite die historischen Skizzen, die anhand sorgfältigen Dokumentenstudiums Vorgänge aus der Vergangenheit der Judenverfolgung aufhellen (wie die Recherche »Ex odio fidei ...« aus der Zeit mächtiger Jesuiten und der Bericht aus dem Umfeld von Dantons Tod) oder die in phantastischen Verdichtungen eine Fülle von Episoden aus der Vorzeit ausbreiten (wie sehr seltsam in »Der tote Hund und der lebende Jude«, da der Reporter einem Alten begegnet mit unwahrscheinlich genauer Kenntnis von den Hintergründen jahrhundertealter Inschriften auf Grabsteinen, einer Gestalt, in der wir wohl den Ewigen Juden erkennen sollen, oder in »Den Golem wiederzuerwecken«, da es um die große Geschichte des Prager Lehm-Roboters und sein legendäres Fortleben geht).

Eine Mischung von Erzählungen, Recherchen am historischen Material und Reportagen wird unterbreitet – vergleichbar der Mischung in Skizzenalben aus Kischs früheren Jahren. Im Banne der Neuen Sachlichkeit, die ihn auf den strikten Bericht verwies, hatte er dieses Verfahren seit Mitte der zwanziger Jahre nicht mehr weitergeführt. Nun, mit den »Geschichten aus sieben Ghettos« kam er darauf zurück – man wird nicht fehlgehen, darin das Indiz des Bedürfnisses von Kisch zu sehen, zu einem ihn tief bewegenden Lebens- und Themenumkreis vielfältige Zugänge zu eröffnen. – Und eine vielfältige Mischung auch von Haltungen, die den Autor bei den Niederschriften der Skizzen bewegt hatten! In seiner Ironie vereinen sich Sympathie und Distanznahme, Liebe und Kritik – hier wird nichts idealisiert: Gute und Böse, Dumme und Kluge sind unter Kischs Juden, Arme und Reiche, kabbalistisch Versunkene und rationalistisch Handelnde. Und man spürt die Lebendigkeit, die zu leichtem Lächeln fähig ist und zu großem Zorn, zu Entsetzen und Zuversicht. Die durch die Geschichte gehende Wiederkehr von Haßausbrüchen, Verfolgungen und Vertreibungen bildete den Grund für das eine, und den Grund für das andere die Gewißheit, daß das Volk der Juden in der selbstgewählten und erzwungenen Beständigkeit von Religion und Ritus, die den Alltag durchdrangen, seine Identität und Dauer erhalten konnte und erhalten wird. »Du lieber Gott«, heißt es zu den so oft wiederholten Bekehrungsversuchen an den Amsterdamer Juden. »In Polen und Rußland kam man ihnen mit ganz anderen Missionsmethoden, mit Plünderungen, Schändungen und Pogromen, in Spanien und Portugal mit Kerkerverließ und Folterbank und Flammentod, und hat nichts, gar nichts ausgerichtet.« Freilich ließ solche Sichtweise eher einen geheimen Untertext der Geschichten Kischs entstehen als eine deutliche Thematisierung, auch vor sich selbst hätte er sie kaum einbekannt. Er, der Mann aus einer jüdischen Familie, in der die Tradition Moses Mendelssohns lebendig war, der sich aus der Bindung an Religion und Ritus früh gelöst hatte, der schon in Prag, vor allem dann seit Beginn der zwanziger Jahre in Deutschland zu den akkulturierten Juden gehörte, hatte sich einer unter den Sozialisten verschiedenster Prägung dominierenden Ansicht zur Lösung der »Judenfrage« angeschlossen. Hier war die Emanzipation der Juden als Teil allgemeiner Emanzipation gedacht, das Erlangen ihrer Gleichberechtigung als Teil der Aufhebung der klassengespaltenen Gesellschaft, und es war eben diese Überzeugung, die Kisch deutlich den Ghetto-Geschichten einschrieb – zusammen mit seinem anhaltenden Vertrauen in das sowjetische Versprechen, durch ein autonomes jüdisches Gebiet, durch Birobidjan, eine neuartige, eine sozialistisch zu nennende Lösung der alten Widersprüche herbeizuführen. Der Hinblick auf die Situation in Nazideutschland beirrte ihn wie andere 1934 noch nicht in diesen Grundsätzen und auch nicht in seiner Polemik gegen die, welche die Gemeinschaft aller Juden für wichtiger hielten als die unter ihnen existierenden sozialen Unterschiede. Er glaubte sagen zu können, daß die Juden im Dritten Reich nicht als Juden verfolgt würden, er setzte auf jene unter seinen Mitjuden, die »wissen, daß im faschistischen Reich nicht ihre Glaubensgenossen, sondern ihre Klassengenossen gemordet und gemartert werden, die wissen, daß es kein Bündnis gibt zwischen arm und reich, daß Solidarität auf Grund von Religion und Rasse utopisch ist«, auf jene, die »geschlossen gegen Dumpfheit und Reaktion und für eine Welt ohne Ghetto und ohne Klassen« kämpfen.

Das Tun Kischs jedoch und sein aus dem Leben gewonnenes Wissen war genauer als die übernommene ideologische Konstruktion. Was an seinen Notierungen überrascht, ist die intime Kenntnis vom jüdischen Dasein, von seinen ethnischen Besonderheiten, von seinen Regeln und der durch sie gebildeten Sitten, von jüdischen Menschen, von ihren Denk- und Verhaltensweisen. Kisch erzählt, er berichtet nicht von außen, er kann, was er übermittelt, von innen geben, und er vermag es leichthin zu tun, in großer Fülle und Buntheit. Die Distanz zum traditionsverhafteten Judentum, die er in seinem bewußten Leben einnahm – sie hinderte ihn offenbar nicht daran, zu Hause und bei seinen Reisen auf diesen Lebensbereich neugierig zu sein, auf ihn sehr genau zu sehen und vielschichtiges Material zu speichern, das nicht gleich in die Schriften eingehen mußte, an denen er gerade arbeitete. Aus diesem Fundus kamen die »Geschichten aus sieben Ghettos«, aus ihm kommt bis heute der Informationsreichtum zur Detailgeschichte, die sie bieten. Und was angesichts seiner Geschichtsmaximen erstaunen macht, ist das betonte Interesse an dem Besonderen jüdischen Schicksals, ein Interesse zumal, das ihn nun zu intensiver Arbeit treibt, zu extensiven Studien. Das Thema war nicht neu bei Kisch, immer wieder in der Vergangenheit war es schon in seinen Schriften aufgetaucht, im Zusammenhang seiner Bemühungen vor allem um die Familiengeschichte, die Lokalgeschichte Prags, um Geschichten aus Böhmen und Mähren. Nun aber, gerade ein Jahr nach Beginn der Naziherrschaft, wird es gesondert ausgestellt: Der Band ist Ausdruck von Solidarität und setzt ein Achtungszeichen, er ist markanter Teil des literarischen Widerstands gegen den Nationalsozialismus.

Wird Kisch sich später in seinen Grundsätzen zur Stelle der »Judenfrage« im Ganzen von Geschichte und Gesellschaft der Gegenwart korrigieren müssen, so kann er doch bei der immer wieder aufgenommenen Arbeit am Umkreis jüdischen Lebens auf dem tieferen Grund seiner Kenntnis und seiner Verbundenheit, seines Interesses bauen. Die notwendige Korrektur allerdings war immens. Kisch wird einzusehen haben, daß der rassistisch fundierte Antisemitismus der Nazis eine andere Struktur hatte als früher führende Antisemitismen (und er wird in seinen Reportagen und Aufsätzen, besonders dann in Mexiko, den Rassendünkel überhaupt zu einem wichtigen Gegenstand seiner Polemiken machen). Auch war bald, spätestens nach den Nürnberger Gesetzen 1935 und nach der Reichspogromnacht, für alle unübersehbar geworden, daß in Deutschland die Verfolgungen sich gegen »das gesamte Judentum« richteten – und Kisch schreibt dies seinen späteren Reportagen ein, so etwa der, die er, wahrscheinlich 1940, einem der New Yorker Judenbezirke widmete. Schneidender wird die Korrektur im Wissen um den Völkermord an den europäischen Juden, um den Plan und die Praxis der Nazis, ein »Millionenvolk auszurotten« – wie es in der letzten der durch die Jahre hin fortgesetzten Ghettogeschichten Kischs heißt, in der nach der Rückkehr aus dem Exil geschriebenen Reportage »Mörder bauten dem zu Ermordenden ein Mausoleuum«, in einem Text, der von dem Vorhaben der Nazis erzählt, in Prag ein Museum mit Denkmälern der Vernichteten zu installieren. Der Bericht wird hier zur Beschreibung einer annihilierten Welt, in ihm wie auch in vielen anderen der späteren Skizzen zum Thema der Juden war der leichte Ton nicht verlängerbar, der die »Geschichten aus sieben Ghettos« gekennzeichnet hatte. Die Vision des Todeszuges in die Verbrennungsöfen hielt Kisch in Bann. Ihn, der sein Leben lang, als liberaler Pressemann in Prag, als Sozialrevolutionär in Wien, als kommunistischer Schriftsteller in der Weimarer Republik, als Antifaschist in den Exilen Frankreich, USA, Mexiko, an der Idee eines möglichen Fortschreitens der Menschheit zum Besseren festgehalten hatte, überfielen die schwarzen Stunden des Zweifels an der Möglichkeit einer aufsteigenden Geschichte, am Sinn des darauf gerichteten Tuns. Sich selbst und den Freunden redete er zu, es gelte »weiterzumachen«. Sein Körper aber verwehrte ihm diesen Trotz. Die späteste seiner Geschichten aus dem Leben der Juden hat er am eigenen Leibe erfahren, doch nicht mehr beschrieben: den schrillen Vorgang in einer Zeit, die ihn anwies, seine letzte Wohnung in einer Prager Villa zu nehmen, die zuvor einem gehört hatte, der Adolf Eichmann hieß.

Dieter Schlenstedt

ANMERKUNGEN

7 *kerk* – (niederl.) Kirche.
Plein – (niederl.) Platz.
Qua fuit a saeclis – (lat.) Wo seit Jahrhunderten unter dem Zeichen von Moses und Aaron ein Tempel gestanden hat, steht jetzt ein prächtigeres, für den Erlöser wiederhergestelltes Gotteshaus.

8 *Dubbeltje* – (niederl.) Zehncentstück.
Onder Rabbinaal Toezicht – (niederl.) Unter Aufsicht des Rabbiners.
Verkoop van 2e Handsch Gereedschappen – (niederl.) Verkauf von Geräten und brauchbaren Materialien aus zweiter Hand.
Koopjes – (niederl.) Gelegenheitskäufe.
Mezijes – (jidd.) preiswürdige, preisgünstige Ware.

9 *Calle* – (span.) Straße.
Torquemada – Tomás de Torquemada (1420–1498), ab 1483 Großinquisitor, Begründer und Oberhaupt der spanischen Inquisition, veranlaßte 1492 die Vertreibung der Juden.

10 *Chmelnitzki* – Bogdan Chmelnitzki (1595–1657), ukrainischer Kosakenhetman.
Guardia Reale – guardia real: (span.) königliche Garde.
Guardia Civile – guardia civil: (span.) Wache, Gendarmerie.

11 *Parnassimos Senhores ... se estron est esnoga constru*ída – (port.) Unter den ehrenwerten Herren ... ist der Tempel errichtet worden.
boa entrada do Sabbat – (port.) Einen guten Sabbatbeginn.
boa semana – (port.) Eine gute Woche.

12 *Bedeutende, wundersame Gräber ...* – Goethe, »Ruysdael als Dichter« (1813).
embaixador – (port.) Botschafter, Gesandter.

13 *Tratado da Immortalidade da alma* – (port.) Traktat von der Unsterblichkeit der Seele.
anno criaçõo do mundo 5383 – (port.) im Jahre 5383 nach Erschaffung der Welt.
Uriel da Costa – Uriel Acosta, auch Gabriel da Costa (1590 bis 1640), jüdischer Religionsphilosoph.
Zewi – Sabbatai Zewi (1626–1676), jüdischer Kabbalist und messianischer Schwärmer, Begründer der religiösen Bewegung des Sabbataismus.

14 *Greco* – El Greco, eigentlich Domenico Theotocopuli (1541 bis 1614), griechisch-spanischer Maler, lebte ab 1577 in Toledo.

15 *Menasse* – Menasse ben Israel (1604–1657), jüdischer Schriftsteller und Philosoph.
16 *Huygens* – Constantijn Huygens (1596–1687), niederländischer Dichter.
   Maurits von Oranien – Maurits (1567–1625), Prinz von Oranien, ab 1585 Statthalter der Niederlande.
17 *misera plebs* – (lat.) das arme Volk.
19 *mit äußerst verschnörkelten Anfangsbuchstaben* – In der Ausgabe »Geschichten aus sieben Ghettos« von 1934 ist hier von P. L. Urban eine Skizze eingefügt, die auf die schnörkelreiche Handschrift Kischs anspielt.
22 *Tachles* – (jidd.) Geschäfte.
25 *Er blickt hinauf in die Höh'* – »Er schaut nur hinauf in die Höh'«, heißt es bei Heine.
   Fischer & Kahn – »Schiffer und Kahn«, heißt es bei Heine.
26 *Caveant consules* – (lat.) Die Konsuln mögen sich hüten.
27 *Cumae* – Antike Stadt in Italien, von griechischen Kolonisten gegründet, Mutterstadt Neapels. In der Nähe von Cumae besiegten 474 v. u. Z. die Syrakuser die Flotte der Etrusker. – In der englischen Ausgabe von 1948 ist dafür Cannae eingesetzt.
33 *Bis 1830, bis zu welcher Zeit ...* – Karl Marx, »Die Revolution in China und in Europa«, »New-York Daily Tribune« vom 14. Juni 1853. Aus dem Englischen.
34 *Gleichzeitig ist im Hinblick auf Indien zu bemerken ...* – Karl Marx, ebenda.
35 *Gewiß ist es richtig ...* – Karl Marx, ebenda.
37 *Hardoon al Raschid* – Anspielung auf Harun ar-Raschid, Kalif von 786 bis 809.
   Trebitsch-Lincoln – Ignaz Timotheus Trebitsch-Lincoln (geb. 1879), internationaler politischer Agent, 1920 Pressechef bei Kapp-Lüttwitz, ging 1925 nach China, wurde dort politischer Berater der Kuomintang.
39 *Ex odio fidei ...* – (lat.) Aus Glaubenshaß.
   Hic gloriose sepultus – (lat.) Hier liegt in Glorie begraben der Katechumene Simon Abeles, den der eigene jüdische Vater aus Haß gegen den christlichen Glauben erschlagen hat.
41 *Jean Calas durch das flammende Libell Voltaires* – Jean Calas (1698–1762), Kaufmann in Toulouse, wurde unschuldig zum Tode verurteilt. Voltaire bewirkte durch seine Schrift »Sur la tolérance à cause de la mort de Jean Calas« (Über die Toleranz aus Anlaß des Todes von Jean Calas) eine Revision des Urteils.
43 *in hoc passu* – (lat.) in diesem Falle.
   Jessenius – Jan Jessinski (1564–1621), tschechischer Arzt.
44 *vertebra colli* – (lat.) Halswirbel.
   in limine – (lat.) von Anfang an.

45 *Semael* – Gestalt aus der jüdischen Mythologie, die als Verführer und Verderber auftritt.
in contradictorio – (lat.) im zweiseitigen Verfahren, durch Behauptung und Widerspruch.
46 *Custodiam* – custodia: (lat.) Bewachung, Gefängnis.
47 *in proprio sanguine* – (lat.) in eigenem Blut.
in ipso festo ... – (lat.) an jenem Tag des Knaben Simon Tridentinus, der auch von den Juden zu Tode gequält worden ist.
48 *in carceribus* – (lat.) im Kerker.
Malefikant – Übeltäter, Verbrecher.
51 *Platte* – Gruppe, Rowdies.
Pompesfunebre – pompes funèbre: (franz.) Leichengepränge, hier etwa: Bestattungshelfer.
Missa pro defunctis – (lat.) Totenmesse.
aus Kowed – um der Ehre willen.
Siderl – (jidd.) Gebetbuch.
53 *Machlojkes* – (jidd.) Zwist, Unfriede.
54 *Halewaj* – (jidd.) Gebe Gott.
Birretum – Kopfbedeckung der katholischen Geistlichen.
55 *Domine non sum dignus* – (lat.) Herr, ich bin es nicht wert.
Levate – (lat.) Erhebt euch.
Flectamus genua – (lat.) Wir beugen die Knie.
Ite missa est – (lat.) Geht, die Messe ist vorbei.
gebenscht – (jidd) gesegnet.
Insensorium – Incensarium, Räucherfaß.
56 *Lavacrum* – Taufdecke.
Powidelbuchtel – Pflaumenbuchtel.
57 *Sacrilegium immediatum* – (lat.) Unmittelbarer Frevel.
59 *Connaît-on jamais rien de pire* ... – Die deutsche Version dieses Liedes vgl. S. 63.
66 *Vit-on jamais rien de plus sot* ... – Vgl. die ersten beiden Zeilen des Liedes auf S. 63.
Mährische Brüder – Auch Böhmische Brüder: Auf hussitischen Traditionen fußende religiöse Vereinigung, die im fünfzehnten Jahrhundert unter Handwerkern und armen Bauern in Böhmen und Mähren entstand.
67 *on y faisait une figure très mince* – (franz.) man machte sehr lange Gesichter.
68 *ex praesidio* – (lat.) vom Präsidium.
Prison – (franz.) Gefängnis.
70 *Feuillants* – Klub der Feuillants, politisches Zentrum des liberalen Adels und des Großbürgertums in der Französischen Revolution.
»*Journal de la Montagne*« – (franz.) etwa: Zeitschrift des Berges, Organ der Jakobiner.

72 *homme opulent* – (franz.) sehr reicher Mann.
Les Frey sont nés juifs ... – (franz.) Die Freys sind geborene Juden unter dem Namen de Troupouska aus Brünn in Mähren, geadelt unter dem Namen von Schönfeld. Zwei Brüder sind hier, und drei stehen im Dienste Österreichs. Die Komtesse, ihre Schwester, ist vor drei Jahren getauft worden. Es gibt noch zwei weitere Schwestern in Wien, von denen die eine alleinstehend und getauft ist. Sie wird ausgehalten von einem deutschen Baron. Der ältere in Paris lebende Frey ist verheiratet, seine Frau lebt mit zwei Töchtern in Wien; und einen sechzehnjährigen Sohn, den er in der Revolutionsarmee untergebracht hat, gibt er für seinen Neffen aus.
74 *Chanuka* – (jidd.) Weihefest, Fest zur Erinnerung an die Wiedereinweihung des Tempels.
Mendelssohn – Moses Mendelssohn (1729–1786), Schriftsteller und Philosoph der Aufklärung, trat für religiöse Toleranz und die Emanzipation der Juden ein.
78 *Mensendieck* – Die holländisch-amerikanische Gymnastikreformerin Bess Mensendieck (1884–1958) entwickelte eine spezielle Frauengymnastik.
79 *parch pro toto* – Wortspiel zu pars pro toto: (lat.) der Teil für das Ganze.
83 *Toches* – (jidd.) Hinterteil, Gesäß.
89 *Zewi* – Sabbatai Zewi (1626–1676), jüdischer Kabbalist und messianischer Schwärmer, Begründer der religiösen Bewegung des Sabbataismus.
90 *Bodleyana* – Nach Thomas Bodley (1545–1613) benannte Bibliothek der Universität Oxford.
92 *Retabliert* – Wiederhergestellt.
98 *Kérem szépen* – (ung.) Bitte schön.
101 *Karäer* – Jüdische Sekte, die den Talmud verwarf.
Sohar – Hauptschrift der Kabbala.
104 *non vesta* – (lat.) keine Jungfrau.
Marschall Belle-Isle – Charles-Louis-Auguste Fouquet (1684 bis 1761), Herzog von Belle-Isle, Marschall von Frankreich, erstürmte 1741 Prag, mußte sich 1742 nach Eger zurückziehen.
105 *Rabbi Löw* – Jehuda Löwe ben Bezalel (1525–1609), Kabbalist und Rabbiner in Prag.
Kwitel – (jidd.) Zettel.
108 *Chewra Kadischa* – (jidd.) Beerdigungsbrüderschaft.
Po nikwar niwlass – Po nikbar niwlat: (hebr.) Hier ist begraben das Aas von ...
109 *Kodosch* – Hebräische Inschrift.
115 *trefe* – treife: (jidd.) unrein im religiösen Sinne.
Lizitationen – Steigerungen.

Boucherie, Charcuterie et Triperie – (franz.) Fleischerei, Schweineschlächterei und Geschäft für Innereien.
Maison de Confiance – (franz.) Haus des Vertrauens.
Haschgosche – (jidd.) Aufsicht.
116 *Fabrique du pain azyme* – (franz.) Fabrik für ungesäuertes Brot.
117 *Epicerie* – (franz.) Kolonialwarenhandlung.
Sschojre – (jidd.) Ware.
pessachdige – (jidd.) für das Passahfest bestimmte.
Raisins – (franz.) Weintrauben.
Pommes de terre – (franz.) Kartoffeln.
Cibelos – ciboules: (franz.) Zwiebeln.
Asperges – (franz.) Spargel.
Légumes – (franz.) Gemüse.
Sic transit gloria mundi – (lat.) So vergeht der Ruhm der Welt.
sage-femme – (franz.) Hebamme.
118 *Cimetière* – (franz.) Friedhof.
Kardinal Rohan, der dem Schwindler Cagliostro hineinfiel – Der italienische Abenteurer und Hochstapler Alexander Graf von Cagliostro (1743–1795) kam 1785 nach Paris und überredete den Kardinal Louis-René-Edouard, Prinz von Rohan-Guémenée (1735–1803), zum Kauf eines kostbaren Perlenhalsbandes, das die französische Königin Marie-Antoinette erhalten sollte; löste dadurch die sogenannte Halsbandaffäre aus, die die Mißstände am französischen Hof enthüllte.
119 *Birobidschan* – Hauptstadt der Jüdischen Autonomen Oblast im Osten der RSFSR.
120 *Blum* – Léon Blum (1872–1950), französischer Politiker und Schriftsteller, seit 1920 an der Spitze der Sozialistischen Partei.
Petljura – Simon Wassiljewitsch Petljura (1877–1926), Führer der ukrainischen bürgerlichen Nationalisten, 1919 von den Bolschewiki verjagt.
121 *affichieren* – anpreisen.
Pri figs – prix fixe: (franz.) fester Preis.
a Dischkretion – à discrétion: (franz.) nach Belieben.
Tous les jours ... – (franz./jidd.) Täglich Krapfenspezialitäten.
Poissons farcis – (franz.) Gefüllte Fische.
Nüdelach avec Paveau – pavot: (franz.) Mohn; etwa Mohnnudeln.
Lokczen kes – (jidd.) Suppennudeln.
gefilté kiczke avec Ferfel – (jidd./franz.) gefüllte Wurst mit kleingeschnittenen Teigstücken.
Roti de veau avec kaché – (jidd./franz.) Kalbsbraten mit Grütze.
presque jamais – (franz.) fast immer.
aujourd' hui – (franz.) heute.
vieillard – (franz.) Greis.
brocante – (franz.) Trödel.

122 *Les représentants des maisons allemandes ne sont pas reçu* – (franz.) Vertreter deutscher Firmen werden nicht empfangen.
123 *Kille* – auch Kehille, Kile oder Kol: (jidd.) Gemeinde.
125 *Rudolf II.* – Rudolf II. (1552–1612), deutscher Kaiser ab 1576, residierte viele Jahre in Prag.
Adar – adur, oder: (hebr.) Monat des jüdischen Kalenders, dem März entsprechend.
Tycho de Brahe – Tycho Brahe (1546–1601), ab 1599 kaiserlicher Astronom und Mathematiker in Prag.
126 *Der Meister braucht von dem Worte Anmauth ...* – In der Ausgabe »Der rasende Reporter« von 1925 hatte Kisch eingefügt: » ... schreibt Brentano im Wiener ›Dramaturgischen Beobachter‹ von 1814 ...«
127 *Magus* – (lat.) Magier, Zauberer.
129 *Ruthsche »Kronika Král. Prahy«* – František Ruth (1854 bis 1926), tschechischer Schriftsteller. »Kronika Král. Prahy« (Die Königskrone von Prag) erschien 1903.
131 *Claudius Frollo ... Quasimodo ... Esmeralda* – Gestalten aus Victor Hugos »Nôtre-Dame de Paris«.
Thaumaturg – (griech.) Wundertäter, Gaukler.
Baal Schem – (hebr.) Herr des guten Namens, Bezeichnung für den Begründer des Chassidismus, Israel Ben Elieser (um 1750), der einen lebenszugewandten Glauben forderte.
Pelagius von Eclanum – Der schottische Mönch Pelagius (gest. um 418), Begründer des Pelagianismus, lehrte, daß der Mensch nicht unter dem »Fluch der Erbsünde« stehe und die Freiheit der sittlichen Entscheidung besitze. Seine Lehre wurde 431 von der Kirche verurteilt. Julianus von Eclanum gehört zu den Verteidigern und Schülern des Pelagius.
Ludwig XI. – Ludwig XI. (1423–1483), ab 1461 König von Frankreich.
Nekome – (jidd.) Schadenfreude.
132 *Schames* – (jidd.) Synagogendiener.
Seine Worte merkt ich ... – Anspielung auf Goethes Ballade »Der Zauberlehrling«.
135 *Tag von Königgrätz* – In der Schlacht bei Königgrätz am 3. Juli 1866 siegten die preußischen Truppen über die österreichische Armee.

A^tV Ein Lesebuch für unsere Zeit

Band 80 **Egon Erwin Kisch**

Herausgegeben von Dieter Schlenstedt

Originalausgabe

Mit 12 Abbildungen
432 Seiten
24,80 DM
ISBN 3-7466-0088-X

Kisch verteidigte die Würde des Publizisten gegen Pragmatiker, die Phrasen und Demagogie favorisierten, Manipulation oder gar Lüge verlangten. Neugierde auf Tatsachen, Streben nach dokumentarischer Wahrheit, sozialer und historischer Erkenntnis waren die Quellen all seiner Reportagen, Feuilletons uns Erzählungen. Unser Lesebuch stellt die Vielfalt der Stoffe und Texte vor: Alltagsszenen, Abenteuer und Landschaften in Europa, Amerika, China, Mexiko, Australien; das Reich der Bolschewiken; historische Skizzen; Industrieberichte; autobiografische Schriften; Reflexionen über Reportage und realitätsnahe Literatur.

A^tV

Band 30

Egon Erwin Kisch
Aus Prager Gassen und Nächten

208 Seiten
14,80 DM
ISBN 3-7466-0033-2

Der junge Egon Erwin Kisch fand den Stoff für seine Lokalfeuilletons auf den Straßen und Plätzen Prags, in den Cafés und Kneipen, den Wärmestuben und Asylen. Er beobachtete Vagabunden, Hundefänger, Flößer, Hopfenpflücker, das morgendliche Markttreiben, Versteigerungen und Razzien. Bereits die Reportagen seines ersten Buches offenbaren einen unbestechlichen Blick für den „Humor der Tatsachen", die Ironie der Dinge und alltäglicher Geschehnisse.

A^tV

Band 72 **Egon Erwin Kisch
Prager Kinder**

Mit einem Nachwort von Dieter Schlenstedt

140 Seiten
12,80 DM
ISBN 3-7466-0080-4

Als Lokalredakteur der „Bohemia" stand Kisch in der Tradition Zolas, der den „Lesern das zeigte, woran sie tagtäglich ahnungslos vorübergingen" oder unbewußt beteiligt waren. Die zweite Sammlung seiner „Streifzüge" enthält „Szenen aus Spelunken", eine kurze Erzählung über die letzten Stunden im Dasein einer Braut, „Anekdoten aus dem Nachtleben", Histörchen über Mensur-Riten, Asyle für Kriegsinvaliden und gefallene Mädchen, Heiratsvermittler und den Bericht eines unglücklichen Droschkengauls. Da der Reporter häufig „soviel des Spaßigen erfuhr, daß ihm der Spaß verging", mehren sich satirische Töne.

A*t*V

Band 138 **Egon Erwin Kisch**
Zaren, Popen, Bolschewiken
Mit einem Nachwort von Dieter Schlenstedt

229 Seiten
13,80 DM
ISBN 3-7466-0148-7

Kisch hat 1925 auf seiner ersten Reise in die Sowjetunion eine „Orgie der Kontraste" erlebt und beschrieben: Aufbaupathos, irrwitzige Methoden, das Bauernland zu industrialisieren, explodierende Städte, stupiden Alltag in asiatischen Dörfern, Arbeitslosigkeit, Schwarzhandel, vagabundierende Kinder, rote Fahnen, Abzeichen mit Hammer und Sichel, Heiligenbilder und Kruzifixe.

A^tV

**Band 163/164 Egon Erwin Kisch
Die Abenteuer in Prag**

Erstmals als Taschenbuch

476 Seiten
24,80 DM (2 Bde.)
ISBN 3-7466-0128-2

„Die Abenteuer in Prag", 1920 erschienen, sind erstmals wieder in ihrer ursprünglichen Gestalt zugänglich. In den autobiographischen Teilen der Sammlung erzählt Kisch „Familiäres, allzu Familiäres" und vom Verlauf seiner Jugend. Weitere Themen sind „Beisl und ihre Gäste", „Prager Pitaval", „Reportergänge vergangenheitwärts".

A^tV

Band 154 **Johannes Wüsten
Kämpfer gegen Kometen**
Utopischer Roman
Mit einem Nachwort von H. D. Tschörtner

Erstveröffentlichung

197 Seiten
12,80 DM
ISBN 3-7466-0164-9

1937, bei seinem ersten Abdruck in der Prager Volks-Illustrierten, wurde „Kämpfer gegen Kometen" angekündigt als „im Lauf seiner Handlung voller atemberaubender Spannung, voller abenteuerlicher Verwicklungen". Und so ist dieses wiederentdeckte Buch des angenommenen Zusammenpralls eines Kometen mit der Erde bis heute außerordentlich spannend zu lesen und eine literarische Rarität dazu.

A*t*V

Band 120 Günther Weisenborn
Barbaren
Roman einer studentischen Tafelrunde

Erstmals als Taschenbuch

224 Seiten
14,80 DM
ISBN 3-7466-0130-4

Anfang der zwanziger Jahre kommt der junge Borbeeke nach Köln, um zu studieren; er gerät mitten hinein in die Ruhrkämpfe und wird einer der „Männer ohne Jugend. Sie haben Revolver in der Tasche, sie sind gestern Arbeiter gewesen, morgen sind sie es vielleicht wieder. Ihre Röcke sind verwahrlost, aber sie sind zu allem bereit, Landsknecht der Universität, lachende Barbaren...".
Weisenborns Roman von 1931 trägt autobiographische Züge.

A^tV

Band 130 **Bodo Uhse**
Söldner und Soldat

Roman

Erstmals als Taschenbuch

325 Seiten
16,80 DM
ISBN 3-7466-0140-1

**Dieses spannend geschriebene Buch hilft, jene große Masse junger Menschen zu verstehen, die, entwurzelt durch den ersten Weltkrieg und enttäuscht von der Weimarer Republik, aus Sehnsucht nach einer menschlicheren Ordnung, aus ehrlichem Glauben an eine nationale Revolution, aus Feindschaft gegen Spießbürgertum und Kapital dem Nationalsozialismus verfielen.
Uhses erster Roman trägt autobiographische Züge.**

A*t*V Taschenbuch bibliophil

Bände 66/67

Hans Fallada
Märchen
vom Stadtschreiber,
der aufs Land flog

Mit Holzschnitten von Heinz Kiwitz und einer Nachbemerkung von Günter Caspar

256 Seiten
66-67 28,80 DM
Band 66/ISBN 3-7466-0071-5

Heinz Kiwitz
Enaks Geschichten

Mit einem Vorwort von Hans Fallada und einem Vermerk von Günter Caspar

> Erstmals als Taschenbuch

128 Seiten
66-67 28,80 DM
Band 67/ISBN 3-7466-0071-5

In Falladas Märchen geht es um einen Fluch und um dunkle Mächte, um Zauberei und Verwandlung, um Händel zwischen schwarzer und weißer Magie, um Bruderzwist und Liebe – und es gibt ein glückliches Ende.

AtV

Band 31

Hans Fallada
Der Pleitekomplex
Sieben Malheurgeschichten

Zusammengestellt von Günter Caspar

136 Seiten
10,80 DM
ISBN 3-7466-0034-0

Die Gestalt des Johannes Pinneberg, die nahezu als Synonym gilt für den kleinen Mann, den die Krise um Lohn und Brot bringt, Figuren, die nach Arbeit rennen wie die vom Pleitekomplex gepackte Annemarie Geier oder der von einer fixen Idee besessene Herr Möcke, Arbeitssucher, die noch hoffen wie dieser Abonnentenwerber oder die bereits aufgegeben haben wie jener Hausmann und Kindeshüter, sie und andere stehen für das Heer der mehr als sechs Millionen Erwerbslosen, die es damals, 1931/1932, als der Autor die meisten dieser Geschichten schrieb, in Deutschland gab.